同济大学中央高校基本科研业务费专项基金资助

支撑强国建设的知识产权公共服务体系研究

漆苏　著

同济大学出版社
TONGJI UNIVERSITY PRESS

图书在版编目(CIP)数据

支撑强国建设的知识产权公共服务体系研究 / 漆苏著. --上海：同济大学出版社，2019.8
ISBN 978-7-5608-7534-7

Ⅰ.①支… Ⅱ.①漆… Ⅲ.①知识产权—公共服务—研究—中国 Ⅳ.①D923.404

中国版本图书馆 CIP 数据核字(2019)第 169865 号

支撑强国建设的知识产权公共服务体系研究
漆　苏　**著**
责任编辑 丁会欣　**责任校对** 徐春莲　**封面设计** 张　微

出版发行 同济大学出版社　www.tongjipress.com.cn
(地址:上海市四平路 1239 号　邮编:200092　电话:021-65985622)
经　　销 全国各地新华书店
排　　版 南京月叶图文制作有限公司
印　　刷 上海安枫印务有限公司
开　　本 710 mm×980 mm　1/16
印　　张 10.75
字　　数 215 000
版　　次 2019 年 8 月第 1 版　2019 年 8 月第 1 次印刷
书　　号 ISBN 978-7-5608-7534-7

定　　价 48.00 元

前言 Preface

伴随我国经济发展进入中高速发展的“新常态”，必须要依靠改革和创新着力推动解决发展中面临的一系列突出矛盾和问题，跨越“中等收入陷阱”，加快从经济大国走向经济强国。建设知识产权强国是我国实现从经济大国走向经济强国的战略要求，并成为我们国家知识产权事业新的战略目标。

知识产权强国应当是制度合理、产业发达、企业竞争力强和国际影响力大的国家，国家知识产权经济调节、市场监管和公共服务措施得力，知识产权治理能力和治理水平较高，充分发挥知识产权对经济社会发展的促进作用。高水平的公共服务体系既是知识产权强国的重要表征，也是知识产权强国建设的实现路径。

2015 年，《中共中央、国务院关于深化体制机制改革加快实施创新驱动发展战略的若干意见》中明确提出“让知识产权制度成为激励创新的基本保障”，对全面激发创新动力和创新活力作了重要部署。这也要求我们进一步提升我国知识产权公共服务水平。提升知识产权公共服务能力和水平，既是近年来实施创新驱动发展战略的明确要求，也与 2008 年颁布实施的《国家知识产权战略纲要》提出的健全知识产权服务体系、加强知识产权服务能力建设的精神一脉相承，也是专利法第四次修改的重点之一。知识产权公共服务水平的提升，将对企业的创新发展、知识产权运用、知识产权保护等方面带来增值效益，对国家经济转型升级、创新能力的提高带来巨大的外部收益。鉴于此，本书从全面提升我国知识产权公共服务能力的维度，探讨我国各类创新主体对知识产权公共服务的需求，在借鉴世界创新型国家知识产权公共服务发展的经验基础之上，建设性地提出了我国知识产权公共服务未来应加强的方向及其主要战略举措。

知识产权公共服务的分阶段目标是：到2025年，初步建立知识产权公共服务体系，知识产权公共服务能力基本满足经济社会发展需求，知识产权公共服务供给有效扩大，知识产权公共服务的标准和标准动态调整机制逐步健全，知识产权公共服务的监管和绩效评估体系建立，知识产权制度对创新型国家建设和经济社会发展的促进作用充分显现。到2030年，建立完善的知识产权公共服务体系，知识产权公共服务水平大幅提升。创新知识产权公共服务提供机制，形成多元主体竞争合作的供给模式。建立协调高效的知识产权公共服务标准工作机制，知识产权公共服务标准与市场服务标准协调配套、协同发展。形成覆盖全过程的知识产权公共服务监管体制。打造一批知识产权服务的品牌，培养一支高水平的知识产权人才队伍，进一步营造良好的知识产权氛围。实现知识产权公共服务与经济社会发展的有效对接，为创新驱动发展战略和知识产权强国战略提供有效支撑。

知识产权公共服务建设的战略任务包括：一是营造促进知识产权公共服务发展的制度环境；二是创新知识产权公共服务的体制机制；三是提升知识产权公共服务的供给能力；四是形成基于区域和产业特色的知识产权公共服务内容；五是健全知识产权公共服务的标准；六是提高知识产权公共服务的效率；七是构建知识产权公共服务的协同机制；八是提升知识产权公共服务的国际影响力。

知识产权公共服务建设的战略举措包括：一是建立统一综合的知识产权行政管理机构；二是建立完善知识产权公共服务的法律政策体系；三是建设多元中心的知识产权公共服务供给模式；四是构建符合产业特色的知识产权公共服务内容；五是培育现代知识产权服务业；六是建立知识产权公共服务的支撑体系。

漆　苏

2019年5月

目录

Contents

1 导 论

1.1 研究背景

知识经济时代，各国综合国力的竞争，越来越多地表现为科技创新能力的竞争，而知识产权正成为衡量一个国家综合国力特别是科技创新能力的重要标志。发达国家纷纷采取行动，利用知识产权作为战略武器来促进本国的创新发展，进一步强化和巩固其在世界竞争中的优势地位。发展中国家也努力提升知识产权能力，加快产业转型升级，实现创新驱动发展。知识产权正成为各国增强经济、科技实力和国际竞争力，维护本国利益和经济安全的重要战略资源。

改革开放40年来，中国经济发展经历了“资源驱动—资本驱动—技术驱动”的历史进程。当前中国经济增长速度放缓，经济内部深层次矛盾不断显现，依靠生产要素投入、投资拉动、技术模仿等手段驱动经济增长的动能已经明显不足，中国必须推动经济转型、形成新的经济竞争力。党的十九大报告提出，要坚定实施创新驱动发展战略，加快建设创新型国家。创新驱动与知识产权之间紧密相连，创新需要知识产权制度的激励和保护，知识产权战略正是实施创新驱动发展战略的重要前提和根本保障。要进一步发挥知识产权对于创新发展的保护、支撑作用，为创新驱动发展赢得更多的空间、创造更好的条件、提供更有力的支撑。当前，无论是日益激烈的国际竞争，还是国内的创新驱动发展、经济转型升级，都迫切需要以建设知识产权强国为重要支撑。

知识产权强国的核心是知识产权对于经济强国的支撑作用。作为知识产权强国，不仅要在知识产权数量、规模方面具有较强实力，还要在知识产权质量、结构方面构建起强大的优势，通过强大的知识产权实力从而拥有雄厚的经济实力和国际影响力。近些年来，我国知识产权工作的发展和积累，为我国实施知识产权强国战略，引领产业发展和经济转型，构建创新型国家奠定了扎实的基础。一是制定出台了知识产权相关的发展战略、方针、政策和法律，知识产权的政策法制环境日趋完善；二是知识产权产出能力大幅度提升；三是知识产权公共服务体系初具规模，公共服务水平进一步提升；四是社会各界知识产权意识显著增强。

与此同时，我们也应该清醒地认识到，我国还不是知识产权强国，在很多方面我们还有很长的路要走。一是企事业单位战略性运用知识产权的能力尚未形成；二是知识产权制度与科技、金融、财政、税收等制度的衔接、协调有待进一步加强，在国家产业结构调整、区域经济发展等方面，在重大科技攻关、扶持中小企业发展等方面，知识产权的作用需要得到进一步体现；三是社会公众的知识产权意识需要进一步提高。究其原因，很大程度上是因为我国尚未构建适应知识产权强国需求的知识产权公共服务体系，没有发展形成具有我国特色的知识产权公共服务业。当前，我国知识产权公共服务业在行业规模、服务能力、管理水平等方面还存在较大不足，与企业的实际需求仍有较大差距。知识产权公共服务业未能实现与经济发展的有效对接，其推动产业转型升级、促进经济社会更好更快发展的作用未能充分发挥。总之，当前我国知识产权的公共和社会服务能力，无法满足建设知识产权强国的需求。

综上所述，在新的背景和条件下，进一步拓展知识产权公共服务方式，提升公共服务层次和水平，指导和帮助企业进一步增强知识产权创造、运用、保护和管理能力，实现知识产权公共服务与经济发展的有效对接，对于我们推动经济转型升级、实施创新驱动发展战略，建设创新型国家和知识产权强国具有重大的现实意义。

1.2 研究目标

当前我国正处在加快转变经济增长方式的攻坚时期，需要切实高效地发挥知识产权在经济和国家竞争力等方面的优势。科技进步和创新需要知识产权提供支撑和保障，经济结构的转型和升级需要知识产权的引领。知识产权强国的战略部署和创新主体对于知识产权服务的紧迫需求，都要求我国建立、发展出层次多样、内容丰富、全面完整的发达知识产权服务体系。当前，要进一步发挥政府在知识产权工作中的导向作用，加强知识产权基础环境建设，完善知识产权公共服务体系，提升知识产权公共服务能力，使知识产权公共服务能够满足国家调整经济结构、提高经济增长质量与速度的需求，为实现经济的跨越式发展服务。

因此，本书的研究力图实现以下目标：全面分析我国知识产权公共服务体系现状、问题和存在的制约；在国际知识产权政治、经济深刻变革的背景下，在市场与政府的相互作用中准确定位知识产权公共服务工作在国家经济、科技及社会发展过程中的作用；探讨我国经济结构调整、经济发展对于知识产权公共服务的现实需求；借鉴国外的先进经验，结合我国的发展现状，研究如何通过合理的政策安排和服务体系构建，有效地实现知识产权公共服务与经济发展的对接，约束和激励市场主体从主要依靠资源投入实现增长的发展方式，转变到主要依靠智力资源、依靠自主品牌、专利、技术标准等实现发展的轨道上来。

1.3　国内外研究综述

知识产权公共服务的研究，主要围绕两个方面：一是知识产权公共服务的基础理论；二是知识产权公共服务业的发展现状及其存在问题。

1.3.1　知识产权公共服务基础理论

公共服务(public service)的概念起源于 19 世纪末的德国，并成为 21 世纪公共行政和政府改革的核心理念。公共服务可以分为广义和狭义，广义上的公共服务涵盖了经济调节、市场监管、社会管理和提供公共产品这四方面的内容，而狭义上的公共服务，是指由政府或公共组织或经过公共授权的组织提供的具有共同消费性质的公共物品和服务。这里的公共产品和服务一般具有三个特点：消费的非竞争性、消费的非排他性和消费效用的不可分割性。公共产品和服务具体包括加强城乡公共设施建设，发展教育、科技、文化、卫生、体育等公共事业，为社会公众参与社会经济、政治、文化活动等提供保障。

2008年我国发布《国家知识产权战略纲要》，正式将知识产权战略作为国家的一项重要战略，之后我国知识产权事业进入迅速发展阶段，已经成长为国际上公认的知识产权大国。但我国还不是知识产权强国，知识产权对经济社会发展的支撑引领作用还未得到显现。2014年，国务院办公厅转发国家知识产权局等单位《深入实施国家知识产权战略行动计划(2014—2020年)》，其中明确提出"努力建设知识产权强国"的新目标。2015年国务院发布《关于新形势下加快知识产权强国建设的若干建议》，其中提出加强知识产权政策支持、公共服务。2018年国务院知识产权战略实施工作部际联席会议办公室发布的《2018年深入实施国家知识产权战略加快建设知识产权强国推进计划》，提出发挥国家知识产权运营公共服务平台枢纽作用，深入推进知识产权运营服务体系建设。与此同时，党的十九大报告明确提出"转变政府职能、深化简政放权、创新监管方式、增强政府的公信力和执行力、建设人民满意的服务型政府"。"人民满意""服务型"这两个关键词勾勒出政府的形态。在此背景下，知识产权公共服务受到广泛关注。朱谢群(2008)研究指出，知识产权的重要地位、在全球化进程中作为国家竞争力核心要素的现实形势，同我国企业整体的知识产权意识、能力、竞争力之间还存在着落差，而企业知识产权创造、保护、运用能力的加强与提升过程中存在着许多共性问题，形成了强烈的公共需求。吴离离(2011)提出，知识产权公共服务是强调知识产权政府管理部门的服务职能，使用公共权力或公共资源，创新服务载体和服务形式，丰富服务产品和服务内容，满足人们生活、生存与发展的直接需求，促进经济社会的健康发展。它贯穿于知识产权的创造、运用、保护和管理及创造财富的全过程。也有学者从公共政策角度，研究知识产权公共服务。王晶喆(2012)提出政府知识产权能力，即政府借助于公共权力，通过制定知识产权制度等知识产权公共政策，综合运用经济、行政法律等多种手段，促进知识产权创造并对其进行管理、保护和运用的能力。

整体而言，当前对于知识产权公共服务的理论研究还很少，特别是缺乏对于知识产权公共服务业本身特征的研究分析。研究对象界定不清，直接导致后期对于知识产权公共服务业现状分析和政策建议的研究缺乏针对性，难以提出行之有效的措施。因此，有必要对知识产权公共服务进行界定，明确知识产权公共服务业的内涵与外延。

1.3.2 知识产权公共服务业的现状研究

当前,我国的知识产权服务业发展存在一系列问题,包括知识产权服务总体规模小、专业人才缺乏、知识产权服务机构无法满足社会需求、知识产权信息资源开发利用不充分、知识产权服务业发展不均衡等(吴桐,刘菊芳等,2012)。现有的知识产权服务业无法满足企业知识产权能力和提升过程中的需要。因此,知识产权服务不可能完全脱离政府。与此同时,当前我国知识产权公共服务仍相对滞后,难以满足市场主体和全社会日益增长的高层次实际需求。朱谢群(2008)研究指出,当前我国知识产权公共服务存在着供给不足和过剩的两种问题。一些公共产品供给不足,另一些公共产品却相互重复,带来使用上的重复或冲突,产生了新的社会成本。而导致上述问题的原因,是因为我国自上而下的公共产品供给决策机制的惯力作用,致使公共服务供给难以反映公众对公共产品和公共服务的真实需求,无法实现供给结构与需求结构的匹配协同,导致公共服务供给的结构性失衡。吴离离(2011)分析了我国知识产权公共服务的现状,指出存在以下问题:公共投入相对短缺,总量供应相对不足,公共服务的结构和布局有待优化,公共服务覆盖范围急需扩大;公共服务政策不到位,相关法律法规不够配套;政府主导、社会参与的知识产权公共服务合作供给格局尚未有效形成;知识产权信息传播、运用的能力较弱。杨红朝(2014)研究指出,我国知识产权公共服务存在着法律政策体系不健全、知识产权服务业的体系相对割裂、公共服务与市场化服务的发展不够协调、知识产权服务行业协会作用有待发挥等问题。当前,建设知识产权强国目标的提出,对我国知识产权公共服务业提出了新的要求。贺化(2014)指出,大力发展知识产权服务业是建设知识产权强国的基础工作。要加强知识产权信息服务;积极构建公正有效的知识产权交易秩序;大力发展知识产权金融;指导企业制定贯穿开发、生产、经营、管理、运用、保护全过程的知识产权工作规划,引导企业将知识产权与企业管理、技术创新、市场开拓、资本运作、经营战略紧密结合,全面提升企业知识产权制度运用能力和水平。这为本书的研究指明方向。必须从构建知识产权强国的高度,全面、系统分析知识产权强国建设对于知识产权公共服务的需求,在此基础上确定我国知识产权公共服务的未来发展方向和各项战略任务。

2 知识产权强国建设与公共服务

2.1 知识产权强国是我国实现经济强国的必经之路

2.1.1 中国从经济大国走向经济强国的新征程

改革开放40多年来,我国经济社会发展取得了举世瞩目的成就。1979—2017年,我国经济平均增长率为9.5%,明显高于世界同期2.9%的平均水平,也高于世界各主要经济体同期平均水平。2018年我国的经济规模已经达到13.6万亿美元,占世界经济总量的16%,继续位居全球经济体的第二位。但我国经济整体上呈现出大而不强态势。长期以来,我国经济的高速增长都是依靠内部的人口红利和外部的全球化红利。当前内外两大红利正在加速衰退。与此同时,过往高投入、高消耗、高污染、低产出、低效益的经济发展模式,引发了经济偏热、经济增长不可持续的因素累积,并带来环境污染、社会矛盾增加以及国际压力变大的严峻挑战。我国人均收入仍然偏少、整体经济素质不高、科技创新能力不足、产业结构层次低、城市化发展滞后、金融体系不发达。党的十九大提出,中国经济已由高速增长转向高质量发展。面对新变局、新挑战,深入研究经济大国向经济强国的发展战略,全力打造中国经济升级版,开启由经济大国走向经济强国的新征程,是我国面临的一个重大而紧迫的课题。

经济强国是指在世界经济中占据主导地位,在全球经济的利益分配中处于优势地位的国家。建设经济强国,是实现“两个一百年”奋斗目标(到中国共产党成立100年时全面建成小康社会的目标;到新中国成立100年时建成富强民主文明和谐的社会主义现代化国家的目标)的战略要求,也是上述奋斗目标在经济建设领域的具体化。从经济强国的标志来看,存在以下基本门槛:

第一,一国经济总量的世界占比至少要达到 6%。根据中国国家统计局公布的数据,2018 年我国国内生产总值(GDP)达到 13.6 万亿美元,占全球 GDP 比重达到 16%。但是中国居民人均可支配收入仅为 28 228 元(约 4 202 美元)。而在 2015 年,美国居民人均可支配收入 42 400 美元,中国居民人均可支配收入仅相当于美国水平的 10%。我国居民人均收入仍然偏少,如何在经济规模扩大的基础上实现人均收入的明显增加,是我国建设经济强国的重要任务。

第二,科技创新水平指数要进入世界前 5 的行列。经济强国必然具有很强的科技创新能力,掌握相当一批核心关键技术,并具备把这些科研成果与关键技术转化为产品的体制机制。近年来,我国科技创新能力显著提升,但与世界科技创新强国仍有较大差距。近年来,"中国创新力量"快速崛起,正深刻改变着世界创新版图。但也要看到,中国的创新能力与发达国家经济体相比仍存在较大差距。世界知识产权组织发布的《2018 年全球创新指数报告》,对全球 126 个经济体的创新能力进行综合评估,瑞士、荷兰、瑞典、英国和新加坡分列前 5 位,中国排名为 17 位,是唯一一个进入全球创新指数前 20 名的中等收入国家。但与此同时,中国要实现在 2030 年进入创新型国家前列的目标,还须在降低单位 GDP 能耗、增强企业创新能力等方面下功夫。2017 年 9 月,科睿唯安(Clarivate Analytics,原汤森路透知识产权与科技事业部)发布的《2017 全球创新报告：进无止境》指出,中国的创新优势主要体现在食品、饮料、烟草、石油与天然气和家电领域,在航空航天、生物技术、信息技术、制药、电信等高新技术领域也有明显进步。在可替代能源汽车、化妆品和健康、医疗器械等领域,中国还存在较大差距,尚需进一步追赶。

第三,具有高端化和生态化的产业结构,通过核心技术和专业服务牢牢掌握全球产业链和价值链的高端环节,其中服务业产值占 GDP 比重超过 70%。近年来我国服务业呈现加速发展的良好态势,2017 年服务业增加值 427 032 亿元,占国内生产总值的比重达到 51.6%,但与世界经济强国相比还有相当的距离。现有资料显示,2015 年服务业增加值占高收入国家 GDP 的 74%,其中美国服务业增加值对 GDP 的贡献高于其他高收入国家,达到 78.9%,日本、德国等高收入国家服务业产值占 GDP 比重也均达到 70%以上。因此,推动服务业特别是现代服务业发展壮大,促进新兴产业、先进制造业等产业发展,培育一批跨国企业和世界知名品牌,是我国未来产业结构调整的战略方向。

第四，具有高度的城市化，城市化率不能低于70%，并形成一批具有重大影响力的城市群。伴随全球创新网络的构建，创新要素趋向于从过去的“地理带”向具有“城市特质”的地区集聚，一些全球城市由于自身的要素集聚能力、综合配套能力以及环境塑造能力，在国际创新网络中的地位越来越重要。城市化是一个国家实现经济强国目标的“发动机”。经济强国普遍形成了一个或几个具有重大影响力的城市群，这些城市群成为拉动区域或者国家经济发展的“火车头”。例如，以纽约为中心的美国东北部大西洋城市群、以东京为中心的日本太平洋沿岸城市群、德国的莱茵-鲁尔城市群等世界性大城市群，成为这些经济发达国家生产力的重要载体。2018年我国城镇化率为59.58%，与世界平均水平相当。但伴随城镇化，发展质量不高的问题也日益凸显。过去主要靠高投入、高消耗、高排放的工业化、城镇化发展模式难以为继，必须走以提升质量为主的转型发展之路。

第五，具有可自由兑换的国际货币，并成为其他国家的外汇储备货币，国际储备货币占比要超过4%，同时拥有较大规模的金融资产和发达稳健的金融体系。伴随中国经济的崛起，人民币逐步发展成为第二大贸易结算货币和第九大外汇交易货币，并逐渐成为一些国家的储备货币。截至2017年第四季度，人民币国际化指数为3.13，同期美元为54.85、欧元为19.9、日元为4.73。受到宏观审慎监管、创新能力、市场结构因素影响，境内人民币金融产品体系较美元、欧元等仍存在一定差距，人民币的国际化程度比较低，我国在国际金融市场上的大宗商品定价权非常有限，离金融强国支撑的经济强国还有较远的距离。

总之，从目前各项经济强国指标的水平看，我国离世界经济强国的目标还有很远的路要走。我们必须科学地认识当前中国经济发展的趋势和特征，靠改革和创新着力推动解决我国发展面临的一系列突出矛盾和问题，加快从经济大国走向经济强国。

2014年5月，习近平总书记在河南考察时首次以“新常态”描述新周期中的中国经济，指出我国发展仍处于重要战略机遇期，要增强信心，从当前我国经济发展的阶段性特征出发，适应新常态，保持战略上的平常心态；11月的亚太经合组织(APEC)领导人会议上首次全面阐释中国经济新常态；12月在中央经济工作会议上对经济新常态的特征趋势与重大任务作了进一步的阐述。经济新常态，是在深入分析当前国内外宏观经济形势和深刻揭示中国经济潜在增长率变化的基础上，对我国未来经济社会发展新趋势的一种战略判断，这势必对中国未来宏观经济政策的选择产生极其重要的影响。当前我国经济发展呈现出新常态,主要有以下特点:一是增长速度从高速增长转为中高速增长;二是发展方式从规模速度型粗放增长向质量效率型集约增长转换;三是增长动力由要素驱动、投资驱动向创新驱动转换;四是资源配置由市场起基础性作用向起决定性作用转换;五是产业结构由中低端水平向中高端水平转换;六是经济福祉由非均衡型向包容共享型转换。在新常态的大背景下,我国经济发展的约束和动力条件正在发生变化,经济正在向形态更高级、分工更复杂、结构更合理的阶段演化。与此同时,经济的发展正进入矛盾增多、爬坡过坎的关键阶段。面对新变局、新情况、新挑战,寻找新的驱动力量,适应新常态势在必行、刻不容缓。创新是引领发展的第一动力,是引领经济新常态的关键因素。培育科技创新能力,实施创新驱动发展战略,将为建设经济强国提供有效的战略支撑。

2.1.2 知识产权是驱动创新发展、支撑经济发展新常态的关键因素

世界经济强国崛起的历程雄辩地证明:科技创新在经济强国的崛起过程中扮演了十分重要的角色。唯有依靠不断推进科学技术创新,并不断地将科学技术转化为实际生产力,才是一个国家崛起的必由之路。伴随大数据时代的来临和以3D技术为代表的新一轮技术革命的兴起,世界各国正在实施更加积极的科技和人才战略,从而抢占未来发展的制高点。当前全球经济的供给和需求结构都发生了深刻的变化,发达国家纷纷提出"再工业化"战略,掀起回归实体经济的高潮,试图实现从"产业空心化"到"再工业化"的回归。例如德国的"工业革命4.0战略"的实施;新兴国家加快了对外开放和产业结构调整步伐。科学技术正成为推动经济社会发展的主要力量,伴随新一轮科技革命和产业革命孕育兴起,面对新变局、新情况、新挑战,我国寻找新的驱动力量,适应经济发展新常态势在必行、刻不容缓。

知识产权制度是市场经济条件下激励技术创新、促进经济创新发展的最重要制度基础。它通过赋予创新成果财产权,明确了创新主体对创新成果拥有合法的支配权和使用权,以及通过成果转移转化获得收益的权利,激发了人们的创新热情,推动了技术的转移和转化,促进经济增长。同时,知识产权制度对纠正市场失灵、促进研发投入和跨国技术转移具有重要作用。伴随知识经济和全球化时代来

临，知识产权已日益成为重要独立的生产要素，创新驱动的实质遂转变为知识产权驱动。世界经济的发展正在进入“资源驱动—资本驱动—技术驱动—知识产权驱动”的升级版。2012 年 3 月，美国商务部联合专利商标局发布《知识产权和美国经济：聚焦产业》报告，首次界定了知识产权密集型产业，将其定义为：专利密集型产业、商标密集型产业或版权密集型产业的合集。报告指出美国 313 个产业中的 75 个产业为知识产权密集型产业。2010 年知识产权密集型产业总共提供了 4 000 万个就业职位，占总就业职位的 27.7%。2010 年知识产权密集型产业为 GDP 贡献了 5.06 万亿美元，占当年美国国内生产总值 GDP 总额的 34.8%。2013 年欧盟发布了《知识产权密集型产业对欧盟经济和就业的贡献》研究报告，采用相同方法测度了知识产权密集型产业对经济的贡献。报告指出，2008—2010 年间，所有的知识产权密集型产业为欧盟的就业直接贡献了 5 650 万个职位，占总就业职位的 26%，加上间接的就业贡献职位 2 000 万个职位，总共占就业职位的 35.1%；该时期知识产权密集型产业为欧盟总的经济活动贡献了 4.7 万亿欧元，占总的经济活动的 39%。至此，知识产权密集型产业进入人们的视野。借助于知识产权密集型产业对经济的引领作用，知识产权正成为发达国家经济的主角。2016 年，美国和欧盟相继发布了第二版知识产权密集型产业调查报告，反映其对美欧的经济贡献率进一步提高，进一步论证了以获取知识产权为导向的创新才是当代世界经济增长的原动力，创新驱动的本质是知识产权驱动，而发展知识产权密集型产业则是实现这一驱动的内在机制和外在表征。

当前，我国正处于进一步增强经济结构调整的内在动力，积极应对外部压力，加快转变经济发展方式，推动经济转型升级的关键时期。在新常态的大背景下，经济增长更多依靠产业从低端迈向中高端，来自于产业价值链的提升，要实现这种驱动力的切换，需要更加注重知识产权保护和运用，知识产权正成为我国全面推进依法治国的重要内容和经济发展新常态的重要支撑。

2.1.3 建设知识产权强国是我国实现从经济大国走向经济强国的战略要求

知识产权强国是指具有强大知识产权硬实力和软实力的国家，通常具备知识产权拥有量等硬实力和基于硬实力形成的知识产权文化、商业规则以及在国际上拥有的话语权、影响力等软实力。放眼全球，世界经济强国无不是知识产权的强国，知识产权强国是国家实现经济发展战略的重要保障，也是各国跳出“中等收入陷阱”的重要战略举措。伴随我国经济发展进入中高速发展的“新常态”，必须要依靠改革和创新着力推动解决发展中面临的一系列突出矛盾和问题，跨越“中等收入陷阱”，加快从经济大国走向经济强国。知识产权强国具有知识产权综合能力强、知识产权制度优越、文化环境和市场环境好、创新和经济绩效高的特点。建设知识产权强国能够在更高水平上激励创新，以市场化手段更加高效地配置创新资源，更加高效地鼓励知识产权转移转化，从而激发全社会的创新创造创业热情，形成“大众创业、万众创新”的良好局面，促进创新成果的产出及其产业化，有力地支撑经济发展新常态，加快从经济大国走向经济强国，最终实现“两个一百年”奋斗目标和中华民族伟大复兴的中国梦。

2.2　公共服务在知识产权强国建设中的作用

2.2.1　高水平的公共服务体系是知识产权强国的重要表征

放眼国际，创新型经济的发展已成大势所趋，知识产权制度正面临深度调整，发达国家和新兴经济体纷纷加快知识产权战略部署，竭力将其最先进的科技成果转化为能够为经济发展服务的知识产权，抢占国际竞争制高点。韩国提出了知识产权强国实现战略，日本更是提出了知识产权立国战略，知识产权竞争正成为世界各国综合国力较量中最为重要、活跃的新战场。2008 年《国家知识产权战略纲要》的颁布实施，标志着知识产权工作已经上升到国家战略层面。近年来，党中央、国务院高度重视知识产权工作，将知识产权作为创新驱动发展的关键支撑，作为全面深化改革和推进依法治国的重要内容，将“加大知识产权保护力度”作为重要任务加以部署，相继印发了一系列关于完善知识产权保护制度的政策措施。根据知识产权保护社会满意度调查结果显示，我国知识产权保护环境明显改善，知识产权保护满意度总体发展良好，呈现持续提升状态，我国知识产权事业快速发展，跻身知识产权大国之列。但与世界上知识产权强国相比,我国知识产权总体质量和运用效益还不够高,企业运用知识产权的能力还不够强,侵权现象时有发生,政府知识产权管理和服务水平仍需加快提升。2014 年 7 月 11 日,国务院总理李克强在会见世界知识产权组织总干事高锐一行时提出“努力建设知识产权强国”。2014 年 12 月发布的《深入实施国家知识产权战略行动计划(2014—2020 年)》,首次提出了“建设知识产权强国”的新目标。十八大以来,以习近平同志为核心的党中央高度重视知识产权工作,作出了加快知识产权强国建设的战略部署,全面开启了知识产权强国建设新征程。“加快建设知识产权强国”正式写入党中央、国务院印发的《国家创新驱动发展战略纲要》《中华人民共和国国民经济和社会发展第十三个五年规划纲要》和 2016 年《政府工作报告》等重要文件,成为中央部署的战略任务之一。2015 年国务院《关于新形势下加快知识产权强国建设的若干建议》正式印发,对于知识产权强国建设作出了整体部署。《“十三五”国家知识产权保护和运用规划》首次被纳入国家重点专项规划,明确了“十三五”期间知识产权领域的一系列重大政策、重大工程、重大项目。“每万人口发明专利拥有量”指标继续写入国家“十三五”规划纲要,成为 25 个经济社会发展主要指标之一。“加大知识产权保护力度”写入《中共中央国务院关于完善产权保护制度依法保护产权的意见》,成为完善现代产权制度的重点任务之一。知识产权在国家经济社会发展全局中的地位和作用显著提升。2017 年 10 月,党的十九大习近平总书记的报告,明确提出要强化知识产权创造、保护、运用,为知识产权强国建设作出了指引。2018 年国务院知识产权战略实施工作部际联席会议办公室发布《2018 年深入实施国家知识产权战略加快建设知识产权强国推进计划》。建设知识产权强国,已成为我们国家知识产权事业新的战略目标。

一国的知识产权实力是知识产权强国据以确立其国际地位,发展其国际影响和作用的基础。知识产权实力突出表现在,知识产权综合能力强、知识产权制度优越、文化环境和市场环境好、创新和经济绩效高。知识产权强国不是一个抽象的概念,需要政府、市场、企业等多层面的支撑和保障。从政府、企业、社会三者的关系来说,知识产权强国战略作为推动企业、地区乃至国家发展的重要战略,不仅需要市场的良性运行,更需要政府(及社会)的充分参与。作为知识产权强国,需要具备稳定健全的法律体系,并拥有高效的行业监管机构;需要为本国企业提供完善的知识产权创造、运用、保护体系;需要保证其国民能够方便的享用各类知识产权服务,并愿意积极地使用各项知识产权服务。总之,高水平的公共服务体系是知识产权强国的重要表征,亦可以作为知识产权强国的描述和评价指标,进而有效支撑我国知识产权强国建设的全面展开。

2.2.2 构建高水平的公共服务体系是知识产权强国的实现路径

高水平的知识产权公共服务,是建设知识产权强国,实现经济持续发展的根本保证。我国正处于转变经济发展方式的关键时期。经过改革开放 40 年的快速发展,我国资源、环境压力已绷至极限,人口红利逐渐消失,传统的粗放型经济发展方式已难以为继,提高自主创新能力、完成由资源依赖型向创新驱动型经济发展方式的转变,成为我国发展的必由之路。知识产权已经成为社会经济发展的重要资源和竞争力的核心要素,在一定程度上代表着一个国家创新的力度和强度。知识产权强国建设,正成为我国推进小康社会和创新型国家建设的基本战略途径。对比知识产权强国标准,我国企业整体知识产权能力、竞争力,社会整体的知识产权意识还存在着较大的落差。企业在提升知识产权创造、运用、保护、管理能力过程中存在着许多共性问题,进而产生了强烈的共性需求。而上述需求单纯依靠企业自身难以满足,需要政府发挥职能。因此,政府必须从公共服务方面为知识产权强国建设提供各种必要的保障,尤其是法律及各项公共政策的引领。从实践和现实情况来看,我国知识产权发展中存在质量和效益总体不高、管理体制和统筹协调机制还不够顺畅、知识产权保护效果与社会期待存在差距等客观问题。上述问题的出现,与政府公共服务不到位、公共政策支持力度不够有重要的关系。现阶段尤其需要发挥政府职能,通过提高公共服务水平,促进企业、研发部门、中介机构在知识产权强国建设中的积极性和应有作用,从而实现我国知识产权整体实力的稳步提升。

随着国家治理方式的不断演变,政府与公众的关系从单纯的行政管理转向增强服务职能。2004 年 2 月,时任国务院总理温家宝《在省部级主要领导干部树立和落实科学发展观高级研究班上的讲话》首次提出“服务型政府”的概念。2005 年 3 月,温家宝总理又在《政府工作报告》中再次强调,要“努力建设服务型政府”。建设服务型政府,首先要创新行政管理体制。要着力转变职能、理顺关系、优化结构、提高效能，把政府主要职能转变到经济调节、市场监管、社会管理、公共服务上来，把公共服务和社会管理放在更加重要的位置，努力为人民群众提供方便、快捷、优质、高效的公共服务。2006 年 10 月，党的十六届六中全会提出了“建设服务型政府，强化社会管理和公共服务职能”的任务，将服务型政府建设作为建设和谐社会的重要举措，厘清了服务型政府建设的内涵、重点及基本内容，服务型政府建设在理论上更加充实。党的十七大提出“加快行政管理体制改革，建设服务型政府”，将服务型政府建设与行政体制改革有机结合起来，注重政府基本公共服务供给能力的提升。党的十八大提出“建设职能科学、结构优化、廉洁高效、人民满意的服务型政府”，进一步将服务型政府建设的内容具体化，服务型政府建设进入全面深化的崭新阶段。2017 年，党的十九大报告明确提出：“转变政府职能、深化简政放权、创新监管方式、增强政府的公信力和执行力、建设人民满意的服务型政府。”建设服务型政府，必须要做好以下几方面的工作：一是牢固树立为人民服务的理念，把维护好、实现好、发展好最广大人民根本利益作为政府一切工作的出发点和落脚点，真正做到发展为了人民、发展依靠人民、发展成果由人民共享，最大限度地体现人民政府为人民；二是必须强化政府公共服务职能。要深化行政审批制度改革，继续简政放权，减少政府不必要的行政审批事项，强化政府经济调控、市场监管职能，减少政府对微观经济活动的干预，促进社会资源的高效利用和充分流动，为经济发展和各类市场主体公平竞争营造良好环境；三是必须创新行政体制和管理方式，积极推进政务公开，建立高效的政务服务体系，提高政府透明度。加强电子政务建设，构建适应信息化时代社会发展需要的政府组织形态，提高政府效能。规范政府收支管理和公务消费，降低行政成本，提高政府公信力和执行力。

在建设服务型政府的大背景下，完善知识产权公共服务体系，提升知识产权公共服务内容成为我国知识产权行政管理体制改革的方向。2008 年出台的《国家知识产权战略纲要》战略重点“完善知识产权制度”中提及要“健全知识产权执法和管理体制”，具体努力方向包括：加强司法保护体系和行政执法体系建设，发挥司法保护知识产权的主导作用，提高执法效率和水平，强化公共服务。所以，强化知识产权公共服务已经成为我国知识产权战略纲要实施的重要内容之一。2009 年国家知识产权局制定的《全国专利事业发展战略(2011—2020 年)》提出：为全面推进全国专利事业发展战略实施，必须坚持“政府推动与市场调节相结合”的基本原则。

既要充分发挥政府的组织协调和公共服务职能，不断提升政府的政策制定能力和服务水平，又要充分发挥市场机制在专利创造和运用以及资源配置中的基础性作用，大力提升市场主体专利创造、运用、保护和管理能力。2015 年国务院发布《关于新形势下加快知识产权强国建设的若干建议》，其中提出加强知识产权政策支持、公共服务。2016 年 12 月，国务院印发《"十三五"国家知识产权保护和运用规划》提出，提高知识产权公共服务能力，建设知识产权信息公共服务平台，建设知识产权服务业集聚区，加强知识产权服务业监管。2018 年国务院知识产权战略实施工作部际联席会议办公室发布的《2018 年深入实施国家知识产权战略加快建设知识产权强国推进计划》，提出发挥国家知识产权运营公共服务平台枢纽作用，深入推进知识产权运营服务体系建设。整体而言，知识产权公共服务和市场服务能力必须同时快速发展，以基本满足经济社会发展和知识产权强国建设的需求。现阶段要加强对知识产权公共服务的战略研究，从而保障知识产权公共服务坚持正确发展方向，充分发挥其效用。战略研究内容具体包括：法律制度和政策体系的健全完善，公共服务机构建设和专业人才的培养，标准的研发和财政资金的支持投入等多方面的总体规划。

2016 年 12 月 5 日，习近平总书记主持召开中央全面深化改革领导小组第三十次会议，审议通过《关于开展知识产权综合管理改革试点总体方案》。习近平总书记强调，要紧扣创新发展需求，发挥专利、商标、版权等知识产权的引领作用，打通知识产权创造、运用、保护、管理、服务全链条，建立高效的知识产权综合管理体制，构建便民利民的知识产权公共服务体系，探索支撑创新发展的知识产权运行机制，推动形成权界清晰、分工合理、责权一致、运转高效的体制机制。知识产权综合管理改革由此拉开序幕。根据党的十九届三中全会审议通过的《中共中央关于深化党和国家机构改革的决定》《深化党和国家机构改革方案》和第十三届全国人民代表大会第一次会议批准的《国务院机构改革方案》，2018 年国家知识产权局进行重建重组，将国家知识产权局的全部职责、国家工商行政管理总局的商标管理职责、国家质量监督检验检疫总局的原产地地理标志管理职责整合，重新组建国家知识产权局，由国家市场监督管理总局管理。其主要职责是，负责保护知识产权工作，推动知识产权保护体系建设，负责商标、专利、原产地地理标志的注册登记和行政裁决，指导商标、专利执法工作等。商标、专利执法职责交由市场监管综合执法队伍承担。上述改革对推进知识产权领域国家治理体系和治理能力现代化，加快知识产权强国建设，具有重大而深远的意义，也对新时期知识产权公共服务，提出了新的要求。在机构综合管理改革的同时，知识产权领域“放管服”改革也在逐步推进。2003年2月27日，国务院取消商标代理机构审批和商标代理人资格核准行政审批；2014年11月国务院发布《关于取消和调整一批行政审批项目等事项的决定》，取消知识产权管理工程师、全国知识产权系统杰出青年和优秀青年、优秀专利代理机构和优秀专利代理人等三项相关项目；2019年3月开始实施的新修订的《专利代理条例》中，取消中央指定地方实施的“专利代理机构设立办事机构和办事机构停业、撤销审批”和“专利代理机构设立审批初审”事项。今后，专利代理机构的设立统一由国家知识产权局进行一级审批，简化审批程序，减轻申请人负担。将专利代理机构设立前置审批修改为专利代理机构后置审批，进一步简化行政审批程序，新增了审批时限要求，规定国务院专利行政部门应当自受理申请之日起20日内作出决定，进一步提高行政审批效率。目前，国家知识产权局共有行政许可3项：专利代理人资格认定、专利代理机构设立审批和向外申请专利保密审查。此外，国家知识产权局还积极推进“互联网＋政务服务”和“一站式”服务，提高服务效率，并积极打造知识产权政务服务“一张网”，实现实体业务大厅、网上政务平台、移动客户端、服务热线等线上线下一体化运行。上述改革的实施，也会对我国知识产权公共服务提出新的要求。

3 知识产权公共服务的理论体系

3.1 知识产权公共服务的内涵

3.1.1 公共服务概念

界定知识产权公共服务，首先要明确何为公共服务。公共服务最早是由莱昂·狄骥在 1912 年提出："任何因其与社会团结的实现与促进不可分割、而必须由政府来加以规范和控制的活动，就是一项公共服务，只要它具有除非通过政府干预，否则便不能得到保障的特征。"狄骥认为，政府是公共服务的唯一合法来源。伴随社会发展，人们对于公共服务的认识也逐步深入，学者们也尝试从不同角度对公共服务加以界定。总体而言，当前对于公共服务的概念，主要有以下几点：一是物品解释法，认为公共服务就是提供公共物品。二是利益解释法，认为凡是促成民主发展、培养公共精神以及维护社会公正和公共利益的官员行动或政府行为都是公共服务。上述解释突破了依据物品属性界定公共服务内涵的传统限制。三是主体解释法，一些学者认为公共服务就是政府通过公共财政生产社会所需，运用公共权力维护社会秩序和公共利益的过程。四是价值解释法，认为公共服务是政府为满足社会公共需要而提供的，供全社会所有公民共同消费、平等享受的社会产品的总称。五是内容解释法，公共服务就是使用了公共权力或公共资源的社会生产过程。结合上述研究成果，本书认为，公共服务应该具备以下特性：以社会公众为服务对象，以满足公众需求为服务导向，以普遍性、公益性、非营利性为服务宗旨，以多元参与为服务形式，以均等性为服务目标，追求社会效益的最大化。

3.1.2 知识产权公共服务的概念

与实体形式的商品和资产不同,知识产权以无形资产的形式存在,具有抽象性。知识资产管理的方法是以可被认为是知识产权服务机构的确立开始的,该机构负责内部知识产权事物的协调工作。该机构通常由具有明确任务的专利和商标律师和信息专家组成,他们与其他功能的专家相结合,如法律、市场、研发和商业分析家。该机构也应当具有制度化的知识产权清单、评估、审计、知识产权发展和保护的保障战略联盟。2012 年,国家知识产权局等九部委发布的《关于加快培育和发展知识产权服务业的指导意见》,将知识产权服务业定义为:"提供专利、商标、版权、商业秘密、植物新品种、特定领域知识产权等各类知识产权'获权—用权—维权'相关服务及衍生服务,促进智力成果权利化、商用化、产业化的新型服务业。"知识产权服务业是现代服务业的重要内容,是高技术服务业发展的重点领域。它通常分为五类:知识产权信息服务、知识产权运用转化服务、知识产权代理与法律服务、知识产权咨询服务、知识产权培训服务。

知识产权公共服务和知识产权市场服务(也称知识产权中介服务)是一个相辅相成、互相促进的共同体,是我国知识产权事业发展不可或缺的两个方面。在发展知识产权市场服务的同时,不能忽视公共服务的作用;在发挥公共服务优势的同时,更要创新市场服务机制。参考公共服务和知识产权服务的相关定义,本书提出,知识产权公共服务是指政府部门、事业单位、知识产权服务机构、社会非营利机构等主体,不以盈利为目的,运用公共权力和公共资源,围绕知识产权创造、运用、保护、管理的全过程,通过多种机制和方式的灵活运用,提供各种物质形态或非物质形态的公共物品,以不断回应社会公共需求偏好、维护社会公共利益,进而助推经济转型升级和社会可持续发展的服务。

3.2 知识产权公共服务与其他相关概念的区别

3.2.1 知识产权公共服务与知识产权行政管理

行政管理是指政府运用公共权力对社会公共事务进行管理。它是以管理者拥有强制力或权威为后盾进而约束被管理者,使之按照管理者的要求采取相应的行为,其本质属性在于强制力,通常通过体现政府意志的法律法规和标准体现出来。具体到知识产权行政管理,是指知识产权行政管理机关和依法取得相应授权的组织,依据相关法律、法规授予的行政权,管理国家有关知识产权事务。在我国,知识产权行政管理不仅包括行政机关对知识产权的确权、行使和保护,而且包括行政机关根据权利人的请求对知识产权权益纠纷进行调解、查处和裁决,即知识产权行政执法。知识产权公共服务与知识产权行政管理的区别体现在以下方面:

(1) 本质属性不同

知识产权公共服务是由政府行为介入的一种服务机制,其本质属性在于服务性,它是通过公共权力和公共资源的运用,提供公共服务,从而满足社会公众的直接需求,努力实现社会福利的最大化。作为公共服务提供者的政府和公共服务受益者的社会公众之间是平等的关系。政府提供的公共服务内容应当基于多数公民的需要。对于政府提供的服务,公民个人或者社会组织可以根据自身的需要做出一定程度的选择,也可以无形中享受到知识产权公共服务带来的福利。知识产权行政管理是以政府为主体的一种权力机制,其本质属性在于强制力,通常借助体现政府意志的法律法规和标准体现出来。具体到知识产权行政管理,是国家行政机关为实现智力资源的有效配置、促进社会非物质财富的增加,依法对有关知识产权各项事务的管理活动。知识产权行政管理体现的是非平等的管理者与被管理者之间的关系,是一种自上而下的等级式的权力制约关系。行政管理主体具有较高的权威性,公民个人或者社会组织必须接受管理主体的制约与规范,这种制约与规范以国家强制力为后盾。

(2) 主体不同

知识产权公共服务以知识产权行政管理部门为主导，兼有提供知识产权服务的市场机构、第三部门、事业单位等多元主体构成；知识产权行政管理的主体是法律、法规授予行政权的知识产权行政管理机关及取得相应授权的组织。前者的主体范围较广泛，且无需必然得到法律、法规的授权，只要该主体以促进公共利益为目的向社会提供知识产权服务（产品），就称其为知识产权公共服务的主体；后者主体资格的取得需以相关法律、法规授权为前提，主体范围相对较明确。

(3) 客体不同

知识产权公共服务的客体是围绕知识产权创造、运用、保护、管理的全过程，主体提供的各种物质形态或非物质形态的公共物品，上述物品具有非排他性和非竞争性；知识产权行政管理的客体是知识产权行政管理部门和相应授权组织实施的具体行政行为，具有公定力、确定力、拘束力和执行力。

(4) 对象不同

知识产权公共服务面向全社会的所有成员提供，服务对象是开放的，在很多情况下难以具体化；知识产权行政管理的对象由法律、法规予以明确，行政权运行的利害关系人在具体行政行为中是特定的，在抽象行政行为中也可相对确定。

(5) 内容及表现形式不同

知识产权公共服务的内容包括但不限于激发知识产权创造能力服务、促进知识产权运用能力服务、强化知识产权保护能力服务、规范知识产权管理能力服务、提升知识产权市场能力服务、推动知识产权信息化发展、中小企业知识产权定向服务以及知识产权服务软环境建设；知识产权行政管理的内容依据行政权的运行过程，主要表现为知识产权行政指导、知识产权行政确权与知识产权行政执法。

(6) 评价标准不同

知识产权公共服务的评价适用“结果导向”原则，在判断公共服务（产）品的优劣时，不仅遵循效益原则和公平原则，更关注公共服务质量和服务对象满意度。知识产权行政管理的评价，依照行政合法性和行政合理性原则，行政合法性是前提，强化“法定职责必须为、法无授权不可为”。行政合法性决定行政管理的效力，行政合理性影响行政管理的效益。

20 世纪 80 年代后期,我国开始了由“经济建设型政府”向现代“服务型政府”转型的进程。当前,建设“服务型政府”已经成为我国政府改革的首要目标。从政府职能来看,服务型政府要有所为有所不为,将自己的行为严格限定在制定规则和实施监督,为经济社会发展创造良好的制度环境,为社会提供稳定而有保障的公共产品和公共服务活动。政府要从具体的投资和参与微观经济活动中解脱出来,集中解决经济社会中重大的矛盾和问题,为整个社会的良性运转提供公共服务。政府的知识产权行政管理职能将从全面管制向服务彻底转型,未来政府的行政职能就是提供有效的公共产品和服务。政府通过提供有效的知识产权公共服务,满足社会主体需求,保障公共利益,维护社会稳定和经济发展的正常秩序。因此伴随着服务型政府的建设,知识产权行政管理和公共服务的边界会逐步淡化而相互融合,最终统一于知识产权行政服务。

3.2.2 知识产权公共服务与知识产权市场服务

市场服务具有对象化、专业化、个性化的特点,它强调市场对于资源配置的决定性作用,追求经济效益最大化。知识产权市场服务又称知识产权中介服务,是指专业化、企业化运营的中介机构面向各类市场主体,以盈利为目的,提供的与知识产权相关的,具有个性化、高附加值的服务及其衍生出来的延伸服务。

知识产权公共服务与知识产权市场服务内容上都涵盖知识产权信息、知识产权运用、知识产权维权、知识产权教育等。但二者之间存在差异:

(1) 核心目标不同

知识产权公共服务以公共利益为核心目标,关注的焦点是以实现结果平等为标志的社会公平;市场服务则以经济利益最大化为最终归宿,是最基本、最有效的体系设计和制度安排,其关注的焦点只限于实现机会平等和规则平等条件下的社会公平。

(2) 主体定位不同

在我国,政府部门主导着知识产权公共产品的供给及公共资源的配置,政府之外的其他市场服务机构、社会非营利机构、事业单位等主体予以配合或受其引导。因此,知识产权公共服务主体可以定位于政府主导下的多元主体。这里需要强调政府的主导作用,这是保障公共利益实现的关键;知识产权市场服务需要更多地发挥市场对资源的调节和配置作用。在市场尚未建立或尚未巩固的过程中,也需要政府发挥“守夜人”角色以弥补“市场失灵”,但政府只是作为制度环境与法制环境的培育者,市场则在资源配置中起着决定性作用。知识产权公共服务的非竞争性和非排他性,要求政府部门发挥主导作用,负责供应公共服务,而市场交易行为不需要政府部门直接介入。

(3) 客体不同

知识产权公共服务的客体为公共产品,具有非竞争性和非排他性;市场服务针对的是特定的主体,客体表现为个性化、高附加值的知识产权服务,往往呈现出竞争性和排他性,并不具备公共产品的属性。

(4) 服务对象不同

知识产权公共服务面向社会的所有成员,服务对象是开放的,范围模糊,在很多情况下难以具体化;市场服务具有对象化、个性化特点,顾客群体界定明确。

(5) 运行机制不同

知识产权公共服务要通过市场和非市场的双重力量才能完成交易;市场服务则是充分发挥市场对于资源配置的决定性作用,依靠纯粹的市场机制形成价格。

3.3 知识产权公共服务在国家公共服务体系中的定位

公共服务按照不同标准可以划分为不同的类别,同时各个国家都有自己独具特色的公共服务分类框架。例如美国就将公共服务分为教育、培训、就业与社会服务、卫生保健、医疗、生活保障、社会保障、能源、自然资源和环境、商业和住房、交通运输、社区和地区发展、科技、司法等多个类别。近年来,我国各级政府以各种形式对本地区的公共服务发展进行了规划,但分类标准各异,缺乏统一性。整体而言,我国现行公共服务范围包括以下内容:公共安全、公共教育、医疗卫生、社会保障、基础设施、公共交通、环境保护、公共信息、文化休闲、科学技术。

知识经济时代,知识产权在推进科技、产业、金融发展的地位和作用日益增强。我国经济转型无疑面临着长期艰巨的产业结构调整升级任务,无论是传统产业的升级改造，还是新兴产业的培育壮大，都离不开知识产权的全面支撑。当前我国确立创新驱动发展战略，需要激发各类创新主体的活力，鼓励全社会参与各类知识产权的创造，提升知识产权运用能力、加大知识产权保护力度。此外，我们正在积极谋划和推动知识产权强国建设，国家知识产权局正深入推进知识产权强国建设，预示着更加重视创造质量、更加重视运用转化、更加重视保护的发展导向，这必将促进知识产权新一轮繁荣。上述背景下，知识产权服务的市场需求规模将持续扩大，并将直接推动知识产权服务业新的发展。我国已将知识产权服务业纳入国家服务业发展总体规划，成为国家服务业总体规划4个重要支撑体系之一，列为高技术服务业8个重点领域之一，并被纳入现代服务业营业税改增值税试点范围。

知识产权服务业根本上是竞争性的产业发展领域，总体上要尊重市场主体即服务企业自身创造活力。现阶段，我国大多数地区知识产权服务业仍处在导入期或成长前期，各类主体的需求可能处于潜在状态需要挖掘，或者由于服务供给能力不足导致现实的需求也会受到抑制。因此现阶段通过政府提供一定的知识产权公共服务，旨在营造公开、公平、公正的市场竞争环境，这也是政府制定各种政策措施时的首要原则。

知识产权公共服务以知识、信息资源的创造、加工、传播、运用为主导，以这些智慧成果的权利——知识产权的确权、运用、保护、管理为主线。覆盖的范围不仅包括专利、商标、版权、集成电路布图设计专有权等的代理、转让、登记、鉴定、评价、认证、咨询、检索、转化、孵化、融资与产业化服务等，还涉及知识产权的资产评价与会计审计服务，与知识产权有关的教育、培训和对外交流等方面的服务，与知识产权相关的金融、信用评价、会展、现代物流和现代商业方面的服务，与知识产权相关的公共卫生、公共基础设施、环境保护和社会福利等方面的服务。知识产权公共服务内容涉及我国现行公共服务体系的诸多方面，不论对于提升现行公共服务体系的运行绩效，还是对于推动社会、经济整体发展，都发挥着重要作用。知识产权公共服务体系的发展，必将推动整个知识产权服务业的发展壮大，并带来产业发展效益。此外，全社会知识产权服务水平的提高，将对企业的创新发展、知识产权运用、知识产权保护等方面带来增值效益，对国家经济转型升级、创新能力的提高带来巨大的外部收益。

3.4 知识产权公共服务的组织方式

3.4.1 供给主体

过去相当长的一段时间，在以经济建设为中心思想的指导下，我国政府直接从事经营管理活动，对企业的市场进入、价格的确定、产品制造和服务条件等施加行政干预。政府过度的管制导致市场缺乏竞争、资源配置的效率低，加大了市场交易成本，抑制创新。伴随我国市场经济的发展，企业和个人日益成为财富的创造者，政府的职责也从以前偏重管理、干预经济运行，转向完善市场运行规则、提供公共产品、强化监督管理。以版权为例，1985 年经国务院批复，国家版权局作为版权行政管理机关负责审核审批对外合作出版合同和其他涉外版权合同，批准强制使用作品以及发放翻印和翻译外国作品强制许可证等。国家和地方版权行政管理部门是当时承担登记工作的主体。1998 年，国家版权局转变了职能，将计算机软件和其他各类作品版权的登记，涉外音像制品合同的登记，涉外录音录像作品版权的认证等工作，分别交给直属事业单位和社会中介组织，国家版权局负责对版权登记进行监督管理，地方版权行政管理机构逐步将有关版权公共服务事项通过委托、授权或指定等方式移交其他非政府组织办理。

近年来，我国加大行政审批制度改革，一大批行政审批项目取消或下放。2003 年 2 月，商标代理机构审批和商标代理人资格核准行政审批取消。2014 年 2 月，国家知识产权局公布目前保留的 10 项行政审批事项(其中行政许可 2 项，非行政许可审批 8 项)接受社会监督，听取社会对进一步取消和下放行政审批事项的意见。近期又取消知识产权管理工程师、全国知识产权系统杰出青年和优秀青年、优秀专利代理机构和优秀专利代理人等三项相关项目；专利代理机构设立审批改为后置审批。2019 年 3 月开始实施的新修订的《专利代理条例》中，取消中央指定地方实施的“专利代理机构设立办事机构和办事机构停业、撤销审批”和“专利代理机构设立审批初审”事项。与此同时，为了改变过去三十多年我国知识产权领域“九龙治水”的分散管理状况，构建运转高效体制机制，知识产权综合管理改革也拉开序幕。

2014 年 11 月 16 日，上海浦东新区率先在全国成立了集专利、商标、版权行政管理和综合执法职能于一身的知识产权局。几年来，上海浦东新区知识产权局努力在知识产权管理体制创新和保护、运用等方面深入探索，确立了专利、商标和版权“三合一”集中管理体制，构建了“管理和执法统一、保护和促进统一、交易和运用统一”的工作体系，形成了行政保护、司法保护、调解仲裁、社会监督“四轮驱动”的知识产权大保护工作格局，搭建了“投、贷、保、易、服”五位一体的知识产权价值实现平台，为营造国际化、法治化、便利化的营商环境提供了基础保障。特别是通过改革实现了知识产权公共事务“一站式”办理及举报投诉集中受理，做到了“一个部门管理、一个窗口服务、一支队伍办案”，极大地方便了企业和群众办理知识产权业务。2016 年 12 月 5 日，习近平总书记主持召开的中央全面深化改革领导小组第三十次特别会议，审议通过了《知识产权综合管理改革试点总体方案》。2017 年 7 月 18 日国家知识产权局正式发文，确定福建厦门、山东青岛、广东深圳、湖南长沙、江苏苏州、上海徐汇区 6 个地方为知识产权综合管理改革首批试点，综合管理改革试点正式步入实施阶段。为此，国家知识产权局也明确了改革试点的基本思路，就是要把握“一个遵循”、体现“两个有利于”和做到“三个符合”。首先，是要把握“一个遵循”。就是要严格遵循习近平总书记重要指示精神和中央全面深化改革领导小组会议精神，以及会议审定的改革试点总体方案，去谋划改革、推进改革、评价改革的成效。其次，是要体现“两个有利于”。一是在纵向上，要有利于打通知识产权的创造、运用、保护、管理、服务“全链条”；二是在横向上，要有利于实现专利、商标、版权等知识产权的协同效应，更好地支撑创新驱动发展。最后，是要做到“三个符合”，一是要符合我国基本国情和现实发展需要，二是要符合知识产权工作的客观规律，三是要符合国际惯例。2018 年国家知识产权局进行重建重组，将国家知识产权局的全部职责、国家工商行政管理总局的商标管理职责、国家质量监督检验检疫总局的原产地地理标志管理职责整合，重新组建国家知识产权局，由国家市场监督管理总局管理。其主要职责是，负责保护知识产权工作，推动知识产权保护体系建设，负责商标、专利、原产地地理标志的注册登记和行政裁决，指导商标、专利执法工作等。商标、专利执法职责交由市场监管综合执法队伍承担。上述种种表明，政府知识产权工作的着力点，已从知识产权制度的构建转变成为提供知识产权公共服务，进而推动市场主体对知识产权制度的有效运用。

长期以来,政府是我国知识产权公共服务最重要的提供主体。在具体操作层面,知识产权公共服务大多由知识产权行政部门的下属事业单位承担。例如早在专利制度尚未建立之时,我国就已经出现了专利服务机构,这些机构相当一部分都是享受国家事业经费拨款的单位,从事业务主要也与专利文献相关。直到 2000 年国务院在全国范围内启动了经济鉴证类社会中介机构的脱钩改制工作,明确将专利代理机构纳入脱钩改制范围内,并在 2001 年底基本完成。与此同时,我国高校和科研院所承担了知识产权人才培养和教育、知识产权理论研究和知识产权培训等知识产权公共服务工作。整体而言,我国知识产权公共服务供给主体具有单一性。

近年来,一些社会组织、专业机构和公益性团体也提供知识产权公共服务,作为政府的有益补充。更为重要的是,伴随创新环境的日益完善、创业投资的活跃参与,我国的科技服务业快速发展,这也为知识产权公共服务增添了力量。例如在一些专业领域,国家知识产权局与专业机构加强合作,沟通搭建专利技术转移、交易平台,更好服务相关专业领域的技术转移。与此同时,引入科技服务机构,发挥其专长,共同开发创新服务,满足市场主体需求。近期,国家知识产权局积极与银行、担保公司、信托机构开展共同合作,开发专利质押融资、信托融资的业务模式。此外,政府不断深化知识产权国际合作,积极参与知识产权国际事务,为我国吸引外资和推动我国企业走出国门创造良好的国际环境。例如促成世界知识产权组织(WIPO)在华设立中国办事处,在 WIPO 设立中国信托基金,在华设立 WIPO 联合培养硕士生项目。举办"一带一路"知识产权高级别会议、发明领域中美欧日韩五局局长系列会议和工业品外观设计中美欧日韩五局合作年度会议、中非知识产权制度与政策高级研讨会、中国—东盟知识产权局局长会、中国—维斯格拉德集团知识产权联合研讨会等重要国际会议。与 WIPO 及相关国家和地区签署多边协议达到 199 个。迄今为止,先后与 23 个国家和地区签订了"专利审查高速公路(PPH)协议",为我国专利申请人提供了更加方便、快捷的专利审查服务,同时也有助于提升专利审查效率和质量。

3.4.2 服务内容

知识产权强国是指在知识产权国际竞争中具有强大知识产权实力的国家,其知识产权实力具体表现在知识产权能力强、知识产权绩效高、知识产权环境优。知识产权公共服务应以促进创新主体的知识产权能力提升为主要目标。强化知识产权能力,应大力发展激发知识产权创造、促进知识产权运用、强化知识产权保护、规范知识产权管理;提高知识产权绩效,关键在于促进战略性新兴产业、中小企业和知识产权市场服务发展,进而引领产业升级和经济发展;优化知识产权环境,即发展软环境,具体包括:制度环境、人才环境、文化环境等。因此,本书将知识产权公共服务划分为以下八个具体类别:激发知识产权创造能力服务、促进知识产权运用能力服务、强化知识产权保护能力服务、规范知识产权管理能力服务、培育知识产权市场服务能力、推动知识产权信息化建设、中小企业知识产权定向服务以及知识产权公共服务软环境建设。

3.4.3 结构框架

本书从知识产权公共服务供给主体、服务内容、供给流程角度,设计了复合式的知识产权公共服务结构图,如图1所示。

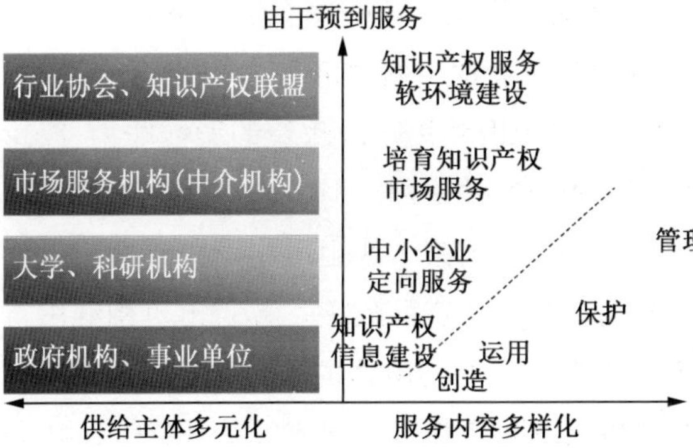

图1 复合式的知识产权公共服务结构图

4　知识产权公共服务战略任务环境

4.1　知识产权公共服务的发展现状

当前，我国初步建立了覆盖知识产权创造、运用、保护、管理全过程的知识产权公共服务体系，主要包括以下内容。

4.1.1　激发知识产权创造能力公共服务

该项公共服务旨在帮助企业有效地获取核心技术专利，为企业在未来发展格局中获取主导权。其具体表现在以下几个方面。

(1) 充分发挥政策对于创新的引领作用

国家和大多数地方政府积极利用财政政策的调控能力，以政府财政专项费用的形式补贴专利申请、审查和维护费用。财政部 2009 年发布《资助向国外申请专利专项资金管理暂行办法》是我国第一次由中央财政设立资助向国外申请专利专项资金，实施国家层面的专利申请资助政策。各省市也相继出台了专利申请资助政策，上述政策实施的确带动了专利申请的快速增长。2018 年，我国发明专利申请量为 154.2 万件，共授权发明专利 43.2 万件，发明专利量和授权量居世界首位。但我国并不是一个专利强国，出现了一些不以保护创新成果为根本、不以提升市场竞争力为目的的专利申请。鉴于此，必须对于过去普惠的专利资助政策进行调整。2013 年国家知识产权局发布《关于进一步提升专利申请质量的若干意见》，加大对专利申请的质量监控力度。与此同时，调整现行知识产权统计指标体系，增加“每万人发明专利拥有量”考核评价。2015 年 12 月发布的《国务院关于新形势下加快知识产权强国建设的若干意见》中，明确提出要“实施专利质量提升工程，培育一批核心专利"。2016 年底出台的《"十三五"国家知识产权保护和运用规划》也提出要"提高专利质量效益",并将"专利质量提升工程"作为重大工程之一,作出了更加具体的部署安排。2016 年,国家知识产权局出台了《专利质量提升工程实施方案》,明确提出以"高水平创造、高质量申请、高效率审查、高效益运用"为目标,全力做好核心专利培育。该方案还提出了"四大重点工程、八大基础支撑",为未来如何全面提升专利质量指出了基本路径和举措。其中"四大重点工程"具体包括发明创造与专利申请质量提升工程、专利代理质量提升工程、专利审查质量提升工程以及严格保护和高效运用促进专利质量提升工程;"八大基础支撑"则包括完善法律法规及相关政策、营造以质量为导向的舆论环境、加强审查质量流程保障等。2017 年,国家知识产权局出台《关于规范专利申请行为的若干规定》,规制了一些新的比较突出的非正常专利申请行为。

加大对职务发明人的保护,2013 年国家知识产权局联合 12 家部委共同印发了《关于进一步加强职务发明人合法权益保护促进知识产权运用实施的若干意见》,提出了 15 条保障职务发明人权益的具体措施,并将职务发明报酬比例提高 100%,进一步完善了职务发明利益分享机制,得到了创新人才的广泛好评。同时,积极推动《职务发明条例》的立法进程。2015 年 4 月 2 日,国务院法制办就国家知识产权局、科技部报请国务院审议的《职务发明条例草案(送审稿)》公开征求社会各界意见,"条例草案"中建议单位实施获得专利等知识产权的职务发明后,支付发明人的报酬不低于每年营业利润的 5%。①

(2) 致力于为申请人提供更加方便、快捷的专利审查服务

近年来,国家知识产权局积极探索优先审查,着力提升专利审查效率。2012 年发布的《发明专利申请优先审查管理办法》中,将"就相同主题首次在中国提出专利申请又向其他国家或地区提出申请的该中国首次申请"列为适合进行优先审查的专利申请范围。2017 年 2 月,国家知识产权局发布新修改的《专利审查指南》,解决了商业模式创新成果的保护、涉及计算机程序发明专利申请的审查等备受创新主体关注的问题。2017 年 6 月发布了《专利优先审查管理办法》,此举标志着我

---

① 《职务发明条例草案(送审稿)》(2015 年 3 月稿). http://www.sipo.gov.cn/pub/old/sipo2013/ztzl/zwfmtlzl/tlcajxyyj/1051318.htm, 2015-4-13.

国正式建立起系统的专利优先审查制度。相较于此前的《发明专利申请优先审查管理办法》,新办法在很多方面都有了重大突破。例如,新办法的适用范围由发明专利申请拓展到了发明专利、实用新型和外观设计全类型。为了减轻申请人文件准备负担,新办法进一步简化了办理优先审查的手续。为了适应新业态发展,新办法把涉及节能环保、新一代信息技术、高端装备制造等国家重点发展产业核心技术专利申请和涉及社会公共利益的专利申请纳入优先审查范围。此外,新办法还将专利优先审查与知识产权保护中心、快速维权中心建设有机结合,实现快速审查、快速确权、快速维权的协调联动,提升知识产权保护效果。目前,《专利优先审查管理办法》已经正式实施,收到了良好的社会效果。此外,2016 年,国家知识产权局对 2011 年印发的《国家知识产权局审查员实践基地管理办法》进行了修订完善。审查员实践基地是国家知识产权局设立在园区(包括国家级或省级高新技术开发区、经济技术开发区、外贸产业园区、大学科技园、工业园区、农业园区等),依托园区内企事业单位,主要承接专业技术知识更新与实践、专业技术调研、专业技术实习等专业技术实践活动的机构,也是根据需要提供一定的知识产权交流和服务的平台。借助这一平台,企业通过与审查员的深入交流,在专利申请和审查方面收获颇多,尤其是在提升专利质量的重要性方面,有了更深的认识,这对企业提高专利申请质量、加强企业专利布局很有帮助。从 2008 年至今,已先后批复成立了上海浦东(张江)高新区、杭州高新技术产业开发区、武汉东湖高新区、北京(中关村)自主创新示范区等 13 家审查员实践基地。

为了帮助中国企业在国外提交的专利申请获得加快审查,尽早在海外市场获得专利保护,国家知识产权局积极推进专利审查高速公路(PPH)相关工作。自 2011 年开展首个试点以来,截至目前,已与国外 23 个国家和地区的专利审查机构达成 PPH 试点合作协议。国家知识产权网站和中国知识产权报上开辟 PPH 专栏,进行介绍。国家知识产权局还深入企业,开展 PPH 项目推介及宣讲活动。

(3) 规范专利代理行业发展

专利代理是将创新成果转化为专利权的重要环节,高质量的专利代理服务既能促进技术方案的拓展和提升,又能帮助创新者获得与其技术贡献相适应的专利权保护范围。我国专利代理机构于 2001 年基本完成脱钩改制,向市场化、专业化、规范化方向发展。中华全国专利代理人协会作为全国专利代理行业的自律性组织，于 2009 年 8 月发布了《专利代理服务指导标准》(试行)，并于 2010 年 7 月发布了《专利代理职业道德与执业纪律规范》，建立健全了专利代理行业规范。2014 年 7 月，国家知识产权局公布《关于促进专利代理行业发展的若干意见》，适度放宽专利代理行业入行门槛，调整专利代理执业经历的认定，适当降低在专利代理服务需求旺盛、专利代理人才紧缺地区开设分支机构的条件，有利于扩大专利代理行业规模，提高专利代理服务能力。近年来，国家知识产权局不断深化专利代理行业的“放管服”，取消了中央指定地方实施的“专利代理机构设立办事机构和办事机构停业、撤销审批”以及“专利代理机构设立审批初审”事项，简化了审批程序。针对一些地方代理机构偏少、代理力量不足的问题，在全国 12 个省(区、市)试行降低专利代理机构设立门槛，放宽专利代理机构股东条件限制，下浮专利代理人考试合格分数线等优惠政策。有效缓解了一些地方代理力量不足的问题。在简政放权的同时，不断加强专利代理行业事中事后监管，为此国家知识产权局专门对《专利代理管理办法》进行了修订，发布了《关于开展专利代理专项整治工作的通知》《关于规范专利申请行为的若干规定》等一系列文件，建立了专利代理机构年度报告公示制度，全面推行“双随机、一公开”监管。2016 年针对代理行业存在的专利代理资格证书“挂证”、无资质代理等经营乱象，组织开展了专利代理行业专项整治工作，针对“挂证”违法行为，已核实并注销 48 人的专利代理执业证；针对涉嫌无专利代理资质进行虚假宣传的机构，经地方知识产权局约谈整改，撤除虚假宣传违法信息的有 27 家，有效净化了专利代理市场，规范了行业经营秩序。2017 年 2 月 27 日，国家知识产权局发布《专利代理行业发展“十三五”规划》，明确提出：到 2020 年，专利代理行业形成规模适宜、结构合理、能力全面的人才队伍，行业资源分布合理，服务领域和服务水平满足创新型国家建设需要，市场运行体系较为完备，国际竞争力明显提升，成为服务创新发展的重要力量。

(4) 建立战略新兴产业重大项目知识产权评议机制

知识产权评议是遵循经济科技项目管理既定模式与流程，选取适当节点和环节进行知识产权客观分析与综合研究，进而形成咨询意见和建议，旨在降低社会研发投入的成本，提高创新的效率。2012 年国家知识产权局出台《重大经济科技活动知识产权评议试点工作管理暂行办法》，并会同有关部门开展知识产权评议试点，逐步建立了一套有效的工作模式。在探索提升知识产权服务业分析评议能力方面，选取北京、上海等全国重点城市，开展知识产权分析服务机构状况调查。在此基础上，2013 年 12 月，国家知识产权局出台《关于加快提升知识产权服务机构分析评议能力的指导意见》，知识产权分析评议工作取得突破性、实质性进展。2015 年《国务院关于新形势下加快知识产权强国建设的若干建议》中提出："围绕国家重大产业规划、高技术领域重大投资项目等开展知识产权评议，建立国家科技计划知识产权目标评估制度，积极探索重大科技活动知识产权评议试点，建立重大领域知识产权评议报告发布制度。"近年来，国家知识产权局先后围绕新能源、新材料、节能环保、食品安全、大型飞机、电动汽车等战略新兴产业和重大科技项目组织开展了知识产权评议活动。北京、天津、河北、江苏、贵州、陕西、青海等 23 个省(市、区)也相继提出建立和规范经济活动中的知识产权审议制度。2019 年，国家知识产权局重大经济科技活动知识产权评议工程示范项目的"中关村上市公司知识产权评议"和"中关村'高精尖'产业人才引进知识产权评议"相继验收。"中关村上市公司知识产权评议"课题全面梳理了中关村上市公司的发展现状，对其知识产权情况进行摸底调研，基于知识产权能力、创新驱动能力、研发组织管理水平这三大能力指标进行关联性分析对比，为中关村上市公司的知识产权工作发展提供决策支撑。"中关村'高精尖'产业人才引进知识产权评议"课题选择无人驾驶、高端医疗和智慧医疗三个细分技术领域，利用知识产权分析评议方法，通过专利信息分析挖掘一批国内外顶尖技术人才，绘制了"高精尖"产业顶尖人才分布地图，为中关村"高精尖"产业人才引进工作提高精度、避免风险提供了参考价值。

(5) 推进战略新兴产业专利导航工程实施

专利导航是通过对专利所承载的技术、法律、市场等多方面信息进行深入挖掘和综合分析，全面、准确地揭示相关产业领域市场竞争、产业竞争、技术竞争等方面的竞争格局和动态，为产业发展更科学合理、更有针对性地转型升级、突破国外企业的封堵提供强有力的引领和指引。国家知识产权局从 2013 年起开始实施专利导航试点工程，首批 8 个国家专利导航产业发展实验区先后启动试点，产业覆盖光通信、纳米技术应用、超硬材料、钛产业等新兴领域。专利导航主要有两个层次：第一个层次是通过大数据分析某一产业在本领域、本区域的技术发展路径、技术发展的方向，为政府确定区域内产业的重点发展提供支撑。第二个层次是根据政府确定的产业发展路径，确定企业自己在整个产业链中的地位和方向。通过 5 年的实施,专利导航概念已深入人心,引起了社会的广泛关注。国家知识产权局先后确立了 17 个国家专利导航产业发展试验区,专利导航已经成为实施创新驱动发展,加强知识产权创造、运用、保护,深化知识产权工作的关键抓手。作为全国首批"国家专利导航产业发展实验区",苏州工业园区通过深入实施专利导航的"四大工程",已建立起专利信息分析与纳米产业运行决策深度融合、专利价值实现对纳米产业运行效益充分支撑的工作机制,形成专利布局对纳米产业竞争地位有力保障、专利创造与纳米产业创新能力高度匹配的良好局面。据统计,截至 2017 年 9 月,苏州工业园区万人有效发明专利拥有量达 130 件,PCT 国际专利申请量达 220 件,占全市申请总量的 38%;在纳米技术领域,园区纳米技术企业已累计申请专利超 5 000 项,实现"微纳制造"等纳米四大技术领域的全覆盖,并在 MEMS、石墨烯、氮化镓等领域实现有效专利托管,专利导航已真正成为引导园区企业走上依托专利指明路、导准航、促发展的康庄大道。

4.1.2 促进知识产权运用能力公共服务

知识产权只有在利用和流转过程中才能体现其价值,知识产权只有进入市场、实现商业利用才能保值、增值。提升知识产权运用能力服务旨在推动知识产权的商用化和产业化,帮助市场主体构建知识产权运用体系。

(1) 建设知识产权交易中心

2006 年,国家知识产权局开始实施全国专利技术展示交易平台计划,以有效服务于我国专利技术转移、转化与实施,加速我国专利技术的商品化和产业化,促进我国自主知识产权产品、产业和企业的形成与发展。截至 2016 年 6 月,全国已设立 41 家国家专利技术展示交易中心、1 000 多个各级专利交易市场。国家专利技术展示交易中心通过构建专业的专利技术转让交易服务平台形成了完善的多功能服务体系,能够开展各种专利技术的展示、推介和交易活动;中心提供专业的专利信息服务及专利技术投融资、评估、咨询、培训等服务,实现专利技术与资本市场对接,促进专利技术的商品化、产业化和国际化。截至 2017 年底,全国共签订技术合同 367 586 项,成交金额为 13 424.22 亿元,同比增长 14.71%和 17.68%。全国技术市场继续保持中高速增长势头。其中涉及各类知识产权的技术合同 153 040

项，成交额为 5 550.67 亿元，同比增长 9.78%，占全国技术合同成交总额的 41.35%。上海、天津等地专门设立知识产权交易所，为知识产权持有人、意向方和投资方提供知识产权展示推介、知识产权交易转让、资产评估和质押融资等一系列综合配套服务。2014 年 11 月，由国家科技部与深圳市政府共同建设的国家技术转移南方中心揭牌成立，中心主要包括技术转移成果展示区、技术交易平台区、技术交易服务区、成果产业化基地等。利用现代网络技术，建设在线技术交易平台。设立技术转移基金，发挥财政资金的杠杆放大效应，引导民间资金投向区域内重点发展的产业领域，特别是战略性新兴产业，并主要投资于处于种子期、成长期等初创期企业，促进优质创业资本、技术和人才集聚。培育知识产权服务机构，提供技术转移全链条服务，旨在为技术转移的合作者提供一站式的服务，从而形成技术转移完整的服务链条和良好的生态环境，形成非物理空间集聚式的技术转移大市场，实现资源集聚与服务共享。2015 年 4 月，国家技术转移东部中心落户上海张江国家自主创新示范杨浦园区，中心致力于提供技术交易、科技金融、产业孵化全链条服务，打通高校、科研机构、企业间科技成果转化通道。构建平台化、国际化、市场化、资本化、专业化的第四方平台，打造科技成果转化创新生态体系，助力上海建设“具有全球影响力的科创中心”。2016 年 5 月，国家技术转移中部中心在武汉中国光谷正式运行，包括知识产权交易大平台、科技金融服务转化平台等。中心建设成技术转移机制完善与商业模式创新的试验田，构造技术交易、科技金融等公共服务为一体的网络平台和实体平台，成为我国中部国际创新资源交流交易的“航母级”集散地和主要门户，促进中部地区技术市场的开放共享和高度融合，实现创新资源的空间聚集。截至目前，我国共建立北京、郑州、深圳、上海、武汉五个国家级技术转移中心，全国技术转移体系初步形成。

为了进一步推动专利运用及其产业化，2017 年，国家知识产权局打造的国家知识产权运营公共服务平台和西安、珠海特色试点平台投入运行。其中国家平台共整合专利数据 1 700 万条，审查过程数据 2.5 亿条，费用数据 9 000 万条。国家平台共进驻企业、服务机构 452 家，西安、珠海试点平台累计挂牌专利近 2 万件，这也标志着我国知识产权运营平台体系基本建成。

(2) 促进知识产权与金融资源集约融合

从 2008 年开始，国家知识产权局加强知识产权金融服务工作，确立了第一批全国知识产权质押融资试点单位。2010 年 8 月，财政部、工业和信息化部、中国银行业监督管理委员会、国家知识产权局、国家工商行政管理总局、国家版权局联合发布《关于加强知识产权质押融资与评价管理支持中小企业发展的通知》，建立知识产权质押融资协同工作机制。2013 年国家知识产权局会同中国银行业监督管理委员会、国家工商行政管理总局和国家版权局联合印发了《关于商业银行知识产权质押贷款业务的指导意见》。与此同时，国家知识产权局和广东省人民政府在广东南海建立"国家知识产权投融资综合试验区"，使其成为知识产权、金融与产业融合发展的重要载体。南海区政府将给予知识产权质押贷款企业贴息 35%，并全额补贴中介服务费用。除此之外，政府还设立知识产权投融资专项资金用于融资风险补偿、投资奖励、投资引导、创业扶持以及人才激励。为了积极落实《中共中央、国务院关于深化体制机制改革加快实施创新驱动发展战略的若干意见》有关战略部署，加快促进知识产权与金融资源融合，更好地发挥知识产权对经济发展的支撑作用，2015 年国家知识产权局出台《关于进一步推动知识产权金融服务工作的意见》，旨在深化和拓展知识产权金融服务工作，引导和促进银行业、证券业、保险业、创业投资等各类金融资本与知识产权资源有效对接，加快完善知识产权金融服务体系，切实落实国家对中小微企业发展金融扶持政策，为深入实施创新驱动发展战略和知识产权战略提供有力保障。意见中提出，力争到 2020 年，全国专利权质押融资金额超过 1 000 亿元，专利保险社会认可度和满意度显著提高，业务开展范围至少覆盖 50 个中心城市和园区；全国东部地区和中西部地区中心城市的知识产权金融服务实现普遍化、常态化和规模化开展。国家知识产权局组建"1＋2＋20＋N"的知识产权运营平台体系，并陆续投入使用，有力地加快了知识产权的交易流转、质押融资。2014 年至 2018 年 5 年间，全国专利质押融资总额达到 2 057 亿美元，年均增长达到 33%。

在国家层面推动同时，各个地方也在不断探索知识产权质押融资的新形式，目前涌现出北京、上海浦东、武汉三种典型模式。北京模式是政府引导的"银行＋知识产权"的直接质押融资模式。该模式完全建立在市场化基础上，借助金融机构、中介服务机构为中小企业融资，政府主要整合资源、搭建平台，对符合要求的企业给予贴息支持。2016 年，中关村发展集团、海淀区财政局、北京智慧财富集团出资 4 000万元设立智融宝风险池，首年撬动合作银行 10 倍知识产权质押贷款额度。

智融宝突出特点是以知识产权质押为唯一担保方式，不捆绑企业其他资产和信用。截至 2018 年 10 月底，智融宝决策项目 128 个，拟贷金额超过 6 亿元。这为知识产权金融从理念到制度再到市场交易运营打通了全链条。上海浦东模式是政府主导的“银行＋政府基金担保＋知识产权反担保”间接质押融资模式。浦东新区在浦东生产力促进中心设立 2 000 万元担保专项资金，为企业贷款提供担保，企业以自有知识产权反担保质押给浦东生产力促进中心，然后银行向企业提供贷款。武汉模式是政府引导的一种“银行＋科技担保公司＋知识产权反担保”的混合模式。既减轻间接模式中政府的负担，又一定程度上分解了银行风险。首个成功案例是武汉中新化工有限公司以 1 件发明专利权质押贷款 100 万元。

近年来，知识产权与金融不断创新结合，除知识产权质押贷款外，投资基金、融资租赁、证券化、信托等新型知识产权金融形态在各地涌现。一是一批知识产权投资基金相继设立，例如国知智慧知识产权股权基金、北京市重点产业知识产权运营基金、广东省粤科国联知识产权投资运营基金、上海市重点产业知识产权运营基金、湖南省重点产业知识产权运营基金、河南重点产业知识产权运营基金。这些基金有效帮助国内中小企业或知识产权运营机构有效获取核心技术专利，建立高价值专利组合，为企业在未来行业发展格局中获取主导权。二是知识产权证券化的改革创新。在国家知识产权局、中国证监会、海南市场监督管理局共同指导和地方金融管理局、海南证券局密切配合下，海南省知识产权局实施一系列知识产权证券化动作，实现了重大改革创新。比如，聚焦知识产权证券化和信用担保机制举办五指山论坛，形成《知识产权运营支撑海南自贸区和中国特色自贸港建设的海南共识》。在此基础上，在上海证券交易所成功发行首单知识产权供应链金融资产专项计划，奇艺世纪供应链 ABS 基础资产债权的交易标的物全部为知识产权，评级机构对全部“奇艺世纪知识产权供应链 ABS”优先级证券评级为 AAA。三是独创的知识产权银行模式。2017 年厦门推动设立国内首家“知识产权特色支行”即厦门农商银行“知识产权特色支行”，提供知识产权金融服务和资本供给，在国内率先建设知识产权银行业务体系，为解决科技型企业融资难、融资贵问题探索出一条新路。厦门还在积极寻求国家对知识产权银行设立的政策支持，推动建立向社会和市场普遍开放的知识产权银行，探索知识产权股权投资、知识产权收储与运营、知识产权证券化、知识产权期权等知识产权金融服务新模式，努力构建覆盖知识产权市场化全价值链的知识产权金融和运营综合服务平台。

国家知识产权局还积极探索知识产权保险。2011 年,国家知识产权局委托中国人民财产保险股份有限公司开展知识产权保险试点工作,分阶段推出了专利执行保险、专利代理人职业责任保险和专利侵权保险三款专利保险系列产品,并在北京中关村、辽宁省大连市、广东省广州市等 27 个地区开展了专利保险试点。迄今为止,人保财险已经在行业内推出了 7 款专利保险专属产品。以专利保险为纽带整合各方资源,逐步形成了“产品体系完善、保障范围广泛、金融服务综合”的基本格局。2014 年初,中国人民财产保险股份有限公司佛山分公司对佛山市玉玄宫科技开发有限公司进行专利保险赔付,成为我国第一宗专利保险赔付案例。2014 年 7 月,国家知识产权局与中国人民财产保险股份有限公司在北京签署《知识产权保险战略合作协议》,双方将建立知识产权保险工作协调推进机制,完善知识产权保险的政策措施,营造良好的政策环境;加快市场培育,提升企业知识产权风险意识和综合管理水平;建立知识产权保险风险控制和分散机制,探索完善知识产权保险市场化运作模式等。截至 2017 年底,人保财险已累计为 6780 家企业的近 14 000 件专利提供风险保障 167.78 亿元,并以专利质押方式为科技型中小企业融资超 1.55亿元,其中 300 万元由险资直接投放。一些地区也积极探索保险与知识产权融合,开拓出新的合作模式。例如广东中山在专利质押融资业务中,引入“政府+保险+银行+评估公司”的风险共担“政银保”融资模式。江苏苏州以“政府+保险投资基金+评估公司”风险共担的“政融保”模式,推出“保险+融资”联动机制。上述创新性操作模式有效解决了科技型中小企业融资难的问题,使社会资本流向创新领域,有利于广大科技型企业创新发展。

4.1.3 强化知识产权保护公共服务

强化知识产权保护服务旨在通过政府的公共服务供给,提高权利人自我维权的意识和能力,降低维权成本,提高侵权代价,有效遏制侵权行为。目前服务的主要形式包括:法律咨询,内容涉及提供有关知识产权法律法规、申请授权程序以及法律状态、纠纷处理和诉讼咨询;提供知识产权侵权判定及赔偿额估算的参考意见;对疑难知识产权案件、滥用知识产权和不侵权诉讼的案件组织研讨论证并提供咨询意见;组织协调有关机构,研究促进重大知识产权纠纷与争端合理解决的方案;对大型体育赛事、文化活动、展会、博览会和海关知识产权保护事项,提供法律状态查询及侵权判定等服务。

政府积极为企业提供海外维权服务。在国际市场和对外贸易方面,知识产权控制了大约1万亿美元的货物贸易和服务贸易,知识产权领域已经成为全球企业竞争的关键战场。在国际市场,外国公司、企业利用其资金和技术优势,熟练运用知识产权规则对中国企业构筑新的但又是合法的"知识产权壁垒"。一是"标准壁垒"。即影响甚至控制国际标准组织的标准化工作,并将技术专利融入技术标准之中,占领产业链的高端区位并获取高额利润,导致使用外国技术标准的中国企业在国际市场遭遇生存困境。二是"绿色壁垒"。即制定国际认可的环境标准和绿色标准,提高进入发达国家市场的商品准入标准,导致不符合国际认证的绿色标准和缺乏统一质量保证的出口品牌的中国农副产品、电子产品,在出口时屡屡受阻。三是"反假冒壁垒"。即动用《知识产权协定》新规定的海关措施,对一些冒用他人商标、商号、地理标志的中国出口产品,采取查封、扣押的"反假冒"保护措施。由于知识产权的地域性和国际贸易的全球性,权利人对海外市场掌控有限,再加上贸易保护主义的影响,知识产权海外维权公共服务显得尤为必要。2011年商务部组建了企业知识产权海外维权援助中心,并委托中国国际电子商务中心在其指导下承担维权援助中心的日常工作。其职能包括海外维权专家库、重点联系企业、法规资料库的建设与维护;海外知识产权信息预警;建立涉外知识产权重大纠纷协调处理机制;分析研究知识产权海外维权热点问题;举办知识产权海外维权论坛;针对企业开展海外知识产权维权能力建设等。国家知识产权局也组织专家,梳理美国、欧盟、日本、韩国等国家和地区的知识产权法律制度、司法体系和执法情况,形成数份国外知识产权环境报告并公开发布,为我国企业开拓海外市场提供实用信息。工信部等部门也充分发挥自身技术、研究优势,发布相关专利预警报告。近期工信部电信研究院知识产权中心发布了《智能终端印度市场知识产权(专利)风险预警报告》。为了帮助我国企业应对境外参展的知识产权风险,知识产权行政管理部门在大型展览会(例如汉诺威信息与通信技术博览会等)上设立海外展会官方服务站,为中国参展企业的知识产权侵权纠纷提供咨询和调解服务。此外,针对我国加大海外高层次人才引进力度,国家知识产权局制定出台《关于加强重大项目和高层次人才知识产权维权援助服务工作的通知》(2013 年),以重大项目和高层次人才为主要服务对象,开展针对性强的维权援助服务,使得创新人才在遭遇知识产权问题时能及时得到有效帮助和针对性指导,为高层次人才特别是海外高层次人才在华创新创业提供支持。

4.1.4 规范知识产权管理公共服务

该项公共服务旨在帮助市场主体构筑科学、系统、规范的知识产权管理基础设施,建立知识产权资产培育机制和经营风险防控机制,建立完善、科学、系统、规范的知识产权管理体系,在各个运营环节构建知识产权获取、维护、运用和保护的制度和机制,有效提高知识产权对经营发展的贡献。针对多数企业知识产权应用能力较弱,企业知识产权商品化、产业化进展缓慢问题,国家知识产权局联合中国标准化研究院起草制定了《企业知识产权管理规范》国家标准于 2012 年 3 月 1 日起施行,其中规定了建立知识产权管理体系的指导方针,指出了知识产权管理体系中需要包含的各项制度,通过在企业中推进“贯标”工作,帮助企业建立规范的知识产权管理体系。2013 年 11 月,国家认监委、国家知识产权局联合印发了《知识产权管理体系认证实施意见》,共同探索开展知识产权管理体系认证工作。2018 年 2 月 11 日,国家认监委、国家知识产权局联合发布了《知识产权认证管理办法》,旨在全面规范知识产权认证活动,提高知识产权认证有效性,加强对认证机构事中事后监管。截至 2017 年底,累计有 8 127 家企业通过知识产权管理体系认证,覆盖全国 29 个省市。据调查统计,99.2%获证企业认为知识产权管理体系有效地提升了企业创新能力,有利于企业在市场中取得竞争优势;76.16%获证企业已将知识产权管理上升至企业战略高度,统筹布局研发方向和经营策略;58.2%获证企业认为建立知识产权管理体系有助于加速企业实现创新收益。2017 年 2 月,由我国提出的首个知识产权管理新国际标准提案《创新管理-知识产权管理指南》获得国际标准化组织创新管理标准化技术委员会批准立项。

近年来,国家知识产权局致力打造知识产权智库,通过课题研究、举办各类研讨会、学术论坛,及时发布国内外知识产权专家最新研究成果,为企业知识产权战略制定提供建议性决策;针对我国知识产权事业发展中的战略性、全局性和关键性问题开展深入调查研究，围绕知识产权强国建设、知识产权“十三五”规划编制、知识产权法律法规制定等重要工作开展研讨，提供咨询意见，充分发挥了专家智囊作用。

4.1.5 培育知识产权市场服务

知识产权服务业既是知识产权事业发展的重要支撑，也是推动知识产权转化为现实生产力的重要力量。当前，知识产权服务业成为国家服务业总体规划 4 个重要支撑体系之一，呈现出蓬勃发展的良好势头。政府采取系列措施，引导、支持专业化的知识产权服务机构科学、健康发展。2012 年，国家知识产权局联合 8 个部门共同制定了《加快培育和发展知识产权服务业的指导意见》，全面规划和系统部署了知识产权服务业发展工作，提出到 2020 年，知识产权服务与科技经济发展深度融合，知识产权创造、运用、保护和管理能力大幅提升，为科技创新水平提升和经济发展效益显著改善提供支撑；知识产权服务业成为高技术服务业中最具活力的领域之一，对经济社会发展的贡献率明显提高。2012 年 6 月国家知识产权局又试行并出台了《国家知识产权服务业集聚发展区工作实施办法》，提出“引导知识产权服务集中、集约、集聚发展”的原则，规划了集聚发展试验区的方向、路径和目标，确定了一批国家知识产权服务业集聚发展试验。目前，国家知识产权局在全国设立了 14 个国家知识产权服务业集聚发展试验区，其中 5 个建设期满的试验区已转为示范区建设。各集聚发展区知识产权服务业物理集聚和功能集聚同步推动，成效显著。数据表明，国家知识产权服务业集聚发展区知识产权创造保持高速增长，每万人口发明专利拥有量和增长速度均远高于其他区域。

2014 年 10 月 28 日，国务院发布《关于加快科技服务业发展的若干意见》，其中明确提出以科技创新需求为导向，大力发展知识产权代理、法律、信息、咨询、培训等服务，提升知识产权分析评议、运营实施、评价交易、保护维权、投融资等服务水平，构建全链条的知识产权服务体系。支持成立知识产权服务联盟，开发高端检索分析工具。推动知识产权基础信息资源免费或低成本向社会开放，基本检索工具免费供社会公众使用。支持相关科技服务机构面向重点产业领域，建立知识产权信息服务平台，提升产业创新服务能力。作为培育和发展知识产权服务业的重要措施,国家知识产权局于 2012 年 6 月遴选公布了首批全国知识产权服务品牌机构培育单位,积极争取有利于知识产权服务机构发展的优惠政策,旨在培育形成一批市场化、专业化、规模化、国际化、品牌化的知识产权服务机构,指导知识产权服务业又好又快发展。2014 年 6 月,首批培育单位培育期满。数据显示,培育单位培育周期内有关重要指标的平均增长率为:专业人员数量增长 66%,客户数量增长 120%,服务合同总额增长 122%,营业收入增长 136%。培育工作成效显著。为进一步培育和发展知识产权服务业,国家知识产权局、国家标准委、国家工商总局、国家版权局于 2014 年 12 月联合制定了《关于知识产权服务标准体系建设的指导意见》,以加强知识产权服务标准化工作的统筹规划和指导,建立知识产权服务标准体系,提高服务质量和效率。与此同时,国家知识产权局还不断创新服务方式,组织开展知识产权服务品牌机构牵手经济发展以及助力"双创"等系列活动、"知识产权走基层 服务经济万里行"活动,让社会公众感受到了知识产权服务带来的实实在在的好处。自 2014 年"万里行"活动首站在湖北武汉启动以来,这项大型公益服务活动坚持走进基层,通过知识产权政策宣讲、产业专利态势发布、专利巡回审查、知识产权公益咨询、"智南针"沙龙等内容,为产业发展和创业创新者提供定制化的"一站式"服务,不断巩固和发展知识产权公共服务,受到社会各界广泛好评。2017 年 6 月,国家发改委颁布的《服务业创新发展大纲(2017—2025 年)》提出,大力发展知识产权服务,完善知识产权交易和中介服务体系,建设专利运营与产业化服务平台。整体而言,知识产权服务业继续保持良好的增长态势,正成为现代服务业中最具活力的组成部分。2017 年,国家知识产权局成为国家统计局首批统计名录库共享共建试点单位。知识产权服务业整体纳入国家"三新"(新产业、新业态、新商业模式)统计调查范围。相关统计显示,近五年来,我国知识产权服务机构数量年均增长超过 35%,营业收入年均增长 40%以上。

4.1.6 推动知识产权信息化建设

知识产权信息服务是指政府部门、社会公共服务组织和知识产权专业服务机构共同努力,帮助市场主体和社会公众有效运用专利技术信息等各类知识产权信息,服务其技术研发项目的科学立项、技术研发和市场拓展等。知识产权信息服务着力于向社会特别是创新者免费或低成本提供知识产权基础信息。建立公益性的知识产权信息服务平台,推动知识产权基础信息资源免费或低成本向社会开放,基本检索工具免费供社会公众使用,满足全社会对知识产权信息的需求。

近年来,国家知识产权局进一步加强信息化建设。2014 年 3 月由国家知识产权局设计开发的 CE-PCT 系统正式上线。2014 年 8 月,CE-PCT 离线客户端及电子申请网站也上线运行。CE-PCT 系统由国家知识产权局自主开发,是一个集 PCT 新申请和中间文件提交、案件管理、信息查询、通知书接收、网上支付于一体的 PCT 全流程业务系统。它集 PCT-SAFE 和电子申请 CPC 系统的优点于一身,解决了 PCT-SAFE 不能受理电子中间文件的弊端,并且使用 CE-PCT 客户端提交申请仍然能享受同 PCT-SAFE 一样的费用减免优惠,同时还支持网上缴费,满足了我国 PCT 申请的各种业务需求。与此同时,国家知识产权局不断对 E 系统进行优化,为进一步优化专利申请受理、初步审查和手续办理的流程与方式,国家知识产权局开发完成了中国专利受理及初步审查系统,并与 2016 年 10 月上线运行。该系统优化了现有专利初步审查业务流程,升级了电子申请客户端,新增了电子申请在线业务办理平台。通过多方面的努力,截至 2016 年底,已有近 57 万电子申请注册用户,全国年平均电子申请率已达 92.4%,专利代理机构电子申请率达 99.9%。

截至 2017 年底,国家知识产权局累计拥有各类专利文献资源 539 种,全文图像覆盖了 103 个国家(地区)或组织,全文文本覆盖 36 个国家(地区)或组织,拥有专利文献总量超过 1.13 亿件,专利文献资源与种类保持世界领先水平。

为扩大知识产权基础信息资源共享范围,满足广大社会公众获得国内外专利基础数据的需求,国家知识产权局努力构建公共信息平台。2012 年《全国专利信息公共服务指南》发布并于 2014 年修改,引导社会各方便捷地获取和使用专利信息。2000 年以来陆续建立、开通了中国专利检索系统、中国专利法律状态检索系统、专利检索与服务系统、中国专利查询系统等专利信息公共服务平台,为公众提供专利文献检索、专利信息分析等方面的服务。2014 年 12 月国家知识产权局宣布开通“专利数据服务试验系统”,免费为社会公众提供中美欧日韩五局专利信息资源。这是全球第一个除了提供本国专利基础数据之外,还面向社会公众提供国外专利基础数据的平台。据统计,该系统已开放数据约占世界专利现档数据的

80%。2016 年又陆续启动了“全国专利代理公共服务平台”“专利管家”“中国专利检索系统国际服务平台”等一批知识产权公共服务网络平台。2014 年,国家知识产权局印发《全国专利信息公共服务体系建设规划》,截至 2017 年底,我国已经设立 44 个地方专利信息服务中心,认定专利文献服务网点 120 家,专利文献服务实现全国覆盖,形成提供专利文献支持、专利信息咨询、公共教育等基础公共服务的网络体系,有效满足了国内日益增长的专利检索、专利分析、专利预警的需求。

国家知识产权局还与教育部、中科院合作,为高校专利信息服务平台、中科院知识产权网提供专利数据和检索工具。2009 年国家知识产权局联合国资委和相关行业协会,共同建设了公益性的重点产业专利信息服务平台,为重点产业结构调整和优化升级提供专利信息支持。全国范围内支持建设了武汉光电子、重庆摩托车(汽车)、杨凌农业、长春医药、中国林业等国家级专利信息中心,建成 1 个国家专利数据中心和 47 个地方专利信息服务网点。此外,国家知识产权局成立客户服务中心,拓宽专利文献馆和公众检索室的服务功能,开展公益讲座和系列培训。2017 年共举办公益讲座 79 期、知识产权高层讲堂 5 期、中小学教育课堂 2 期,受众人数达到 2.985 4 万人次。

4.1.7 中小企业知识产权定向服务

鉴于目前多数大企业都有比较成熟的知识产权部门,建立了比较规范的知识产权管理模式。而很多中小企业限于规模和各方面资源的限制,在技术创新中面临着诸多知识产权难题与困难。知识产权公共服务应向中小企业倾斜,采取切实有效的帮扶措施,推进中小企业创新发展。2009 年起,国家知识产权局会同工业和信息化部在全国 32 个中小企业集聚区共同实施“中小企业知识产权战略推进工程”,取得了较为显著的成效。针对中小企业知识产权维权的现实需求,先后在广东中山、江苏南通等小微企业聚集地区设立五家“知识产权快速维权中心”,建立快速审查、确权、维权工作机制。针对中小企业知识产权人才匮乏问题,国家知识产权局在广东南海、浙江温州、江苏苏州设立“国家中小微企业知识产权培训基地”,为广大中小企业培养知识产权经营管理人才。2014 年 10 月国家知识产权局印发了《关于知识产权支持小微企业发展的若干意见》，从扶持小微企业创新发展、完善小微企业知识产权服务、提高小微企业知识产权运用能力、优化小微企业知识产权发展环境四个方面，提出了支持小微企业创新成果在国内外及时获权、完善小微企业专利资助政策、扶持知识产权服务业小微企业等 15 条具体措施。2018 年国家知识产权局发布的《关于知识产权服务民营企业创新发展若干措施的通知》中提出，深入实施中小企业知识产权战略推进工程。各中小企业知识产权战略推进工程试点城市知识产权局要完善行业性组织、知识产权服务机构、企业共同参与的知识产权托管工作体系，加大政府购买服务力度，面向民营企业推广知识产权托管服务。各地方知识产权局组织专利代理援助服务，鼓励专利代理机构为困难民营小微企业提供免费专利代理服务。国家知识产权局联合工业和信息化部实施中小企业知识产权战略推进工程。截至 2017 年底，共在 20 个城市(区)的 35 个中小企业集聚的园区开展试点工作。

4.1.8 知识产权公共服务软环境建设

软环境建设包括提出促进知识产权服务发展、消除可能会挫败上述服务提供的相关政策，特别关注适应不同产业发展需求的知识产权服务举措的制定，发挥其引领、导向作用，为知识产权服务业发展营造了良好的政策、文化、舆论环境。

(1) 完善制度环境

近年来国家知识产权局启动了专利法新一轮修改工作，2015 年 4 月 1 日，国家知识产权局对外发布《专利法修订草案(征求意见稿)》，通过多种途径广泛收集针对此次法律修订工作的意见和建议，对修订草案作了进一步修改完善，形成了《专利法修订草案(送审稿)》，于 2015 年 7 月上报国务院。2015 年 12 月，国务院法制办就该修订草案送审稿面向社会公开征求意见。《送审稿》对故意侵犯专利权的行为，人民法院可以根据侵权行为的情节、规模、损害后果等因素，判处确定数额的“一倍以上三倍以下”的赔偿数额。2018 年 12 月 5 日，国务院常务会议通过了专利法第四次修正案草案，准备提交全国人大常委会审议，专利法的修改有望在 2019 年年内完成。本次修正草案最大亮点就是加大对侵犯专利权的赔偿力度规定，对故意侵犯专利权，情节严重的，可以在按照权利人受到的损失、侵权人获得的利益或者专利许可使用费倍数计算的数额一到五倍内确定赔偿数额;并将在难以计算赔偿数额的情况下法院可以酌情确定的赔偿额,从现行专利法规定的一万元到一百万元提高为十万元到五百万元。2019 年 3 月 1 日,新修订的《专利代理条例》正式施行,提升专利代理质量、将专利代理人的称谓改为“专利代理师”、放宽专利代理行业准入、遏制“黑代理”问题、倡导提供专利代理援助服务等成为此次修改的亮点。伴随新修改的《专利代理条例》颁布实施后,国家知识产权局将尽快完成配套部门规章的修订工作,做好专利代理管理系统改造等软硬件配套工作,继续提升行业监管水平和行业服务能力,确保新修改条例的顺利实施,为创新驱动发展提供有力支撑。

与此同时,知识产权服务业的政策体系也逐步建立完善。2011 年国务院办公厅发布《关于加快发展高技术服务业的指导意见》,明确将“知识产权服务”作为一个服务门类写入了重点任务。2012 年,国务院《关于印发服务业发展“十二五”规划的通知》提出,服务业发展的四个重要支撑体系包括知识产权服务体系、服务业标准体系等,并再次明确提及要促进知识产权服务业发展;同年国家知识产权局等九部委发布《关于加快培育和发展知识产权服务业的指导意见》,提出“建立知识产权服务标准规范体系,提高服务质量和效率”。2014 年 10 月 28 日,国务院发布《关于加快科技服务业发展的若干意见》,将知识产权服务作为九个重点任务之一,提出“建立健全科技服务的标准体系”。2015 年,国家知识产权局、国家标准委、国家工商总局和国家版权局 4 部门联合印发《关于知识产权服务标准体系建设的指导意见》,提出到 2017 年,初步建立知识产权服务标准体系,制修订一批知识产权服务标准,创建与培育一批知识产权服务标准化示范区和示范机构等。到 2020 年,建立基本完善的知识产权服务标准体系,形成协调高效的知识产权服务标准化工作机制等。下一步,国家知识产权局、国家标准委将会同有关部门加快推进一批知识产权服务标准的出台。为统一规范知识产权服务通用术语和缩略语标准,拟研究制订《知识产权服务通用术语标准》;为提高专利申请代理服务中的服务质量,规范代理服务市场,拟出台《专利代理服务质量规范》;在专利信息服务中,为规范专利信息检索、分析服务的水平、流程、质量、运行管理、服务评价与改进等,拟出台《专利信息检索服务规范》《专利信息分析服务规范》;为规范开展专利分析评议服务的有关模块、流程等,出台《专利分析评议服务规范》等。在相关政策引领、行业主管部门的积极推动下，知识产权服务业统计制度、知识产权服务业聚集试验区以及知识产权品牌服务机构培育等工作逐一落实，知识产权服务业的政策框架基本形成。

在做好国家层面知识产权法律法规建设的同时，国家知识产权局还建立了地方专利立法指导协调机制，加强了对地方专利立法工作的指导。近年来，分别推动广东、江苏、浙江等省市制修订了一批地方性知识产权法规，在各个层面构建起了知识产权法律法规制度体系，为推进知识产权事业进步、促进地方经济社会发展，提供了重要的法律保障。

(2) 建立多层次知识产权人才培养机制

一国对知识产权人才的需求量与经济发展速度成正比。随着我国经济的快速发展，知识产权人才的培养速度和规模已远远不能满足社会的需要对象。2007 年国家知识产权局制定《全国知识产权教育培训指导纲要》，针对六类培训对象(知识产权行政管理部门、企事业单位、知识产权中介服务机构、党政领导干部、知识产权师资、其他社会公众)，确定培训内容，推动知识产权教育培训的科学化、规范化和制度化；2013 年制定《落实〈"十二五"国家自主创新能力建设规划〉知识产权人才专项工作实施方案》。为了推动落实《中共中央关于深化人才发展体制机制改革的意见》，2017 年国家知识产权局制定出台《知识产权人才"十三五"规划》，提出加强知识产权人才体系建设，培养和造就一支人才规模、结构和层次符合知识产权事业发展需要，人才分布适应国家区域经济发展布局，人才制度具有国际竞争力，能够基本满足国家经济社会发展需要的知识产权人才队伍，为知识产权强国建设奠定坚实的人才基础。

在知识产权人才培养方面，一方面，推动高等学校知识产权专业人才培养，形成了博士、硕士、本科完备的知识产权人才培养体系。全国设立知识产权学院的高校已超过 30 所，设立知识产权专业的院校近百所。另一方面，加大社会人才培训力度。截至 2017 年底，国家知识产权局共在全国设立了 26 个国家知识产权培训基地，5 年累计培训知识产权从业人员 230 余万人。国家知识产权局积极推动将知识产权相关职业正式纳入国家职业分类大典，新增了"知识产权专业人员"小类，为知识产权人才的成长提供了条件。

从专业人才培养的角度，目前已形成由国家知识产权专家咨询委员会、国家知识产权专家库专家、国家知识产权领军人才、百千万知识产权人才工程、百名高层次人才培养人选等为主体的高层次人才队伍。这支人才队伍已经在知识产权领域起到了很好的引领示范作用。2013 年 4 月,“国家知识产权人才信息网络平台”正式建成,公众可通过该平台实现对知识产权专家及各类人才信息的检索查询,推动建立知识产权人才工作统筹协调机制和信息共享机制,为知识产权事业发展提供人才保证和智力支持。为了满足不同类别知识产权人才培养需要,2014 年全国知识产权师资信息平台(training. ciptc. org. cn)正式上线,免费向广大培训组织机构和专家师资开放。该平台将作为连接培训组织机构和专家师资的桥梁,力争解决培训师资的供需矛盾,为专家师资提供更多展示和实践的机会。依托该平台,培训组织机构可方便发布培训需求,在线与专家师资完成合作交流。用人单位也可以根据实际需要从不同维度灵活、客观地选择师资。此外,国家知识产权局在 2012 年和 2014 年,先后开展了两批全国知识产权领军人才评选工作,产生了 4 个类别 208 名全国知识产权领军人才,并逐步形成一批以领军人才为核心的人才团队。2017 年,共组织 10 期全国知识产权领军人才和专家库专家巡讲活动,有效推动了知识产权工作的开展。

在公众知识产权普及教育方面,国家知识产权局拓宽渠道,采取多种方式开展知识产权宣传,提升公众知识产权保护意识,引导、鼓励企业和社会公众创造出更多的知识产品,推动整个社会的科学技术创新和进步。

(3) 培育知识产权文化

2009 年 4 月,大型社会公益项目——中国知识产权文化建设工程正式启动,该项目为期 8 年,对象以大中学生、企业界人士、科技工作者、政府官员和媒体从业者五大类人群为主。该项目旨在整合资源、加大力度,从文化融合着手,科学、系统地传播知识产权理念,为充分发挥知识产权制度的作用、顺利实施国家知识产权战略营造良好的社会氛围。国家知识产权局定期举办面向社会公众的开放日,通过扩大交流、增加透明度,拉近知识产权与公众的距离。2013 年,国家知识产权局制定实施了《关于加强知识产权文化建设的若干意见》,明确了知识产权文化建设的工作目标、主要任务和具体举措。加强知识产权普及和宣传工作,大力普及知识产权相关知识。近年来,各级知识产权部门充分利用世界知识产权日、全国知识产权宣传周、中国专利周等重要时间节点,集中举办各类宣传活动,提高社会影响力。

其中,全国知识产权宣传周活动的影响力不断扩大。同时,通过电视、网络、报刊等媒体加强日常宣传,通过编制读本、动漫、专题片、宣传片等知识产权宣传品服务并影响不同群体,通过举办海报征集大赛、公益广告征集大赛等活动调动公众关注知识产权的积极性。国家知识产权局支持人民网建设"知识产权频道",与中国科技网合作建设"知识产权板块",联合《中国日报》出版《知识产权周刊》,委托《知识产权报》出版《知识产权双语周刊》,利用政务微信公众号推送知识产权讯息,推动"尊重知识、崇尚创新、诚信守法"的知识产权文化核心理念深入人心。

2014 年开始,国家知识产权局会同教育部开展知识产权教育试点示范工作、截至 2017 年底,全国共有 102 所学校评定为试点学校。国家知识产权局还编制了《中小学知识产权教育读本》,积极推动中小学知识产权教育的宣传普及,让青少年从小就形成尊重知识、崇尚创新、诚信守法的知识产权保护意识,并充分发挥中小学知识产权教育的独特作用,形成"教育一个学生,影响一个家庭,带动整个社会"的良好局面,努力培育有利于知识产权制度实施的文化环境和社会环境。

4.2 知识产权公共服务面临的突出问题

4.2.1 部分知识产权公共服务设定和调整法律依据不充分

当前政府提供的一些知识产权公共服务项目缺乏必要的法律依据,不符合建立法治政府的要求。例如政府购买知识产权公共服务,现行法律依据主要是《政府采购法》,允许公共财政和其他税收收入用于公共服务的外包,但是仍然面临法律上的困境。因为政府购买知识产权公共服务和政府采购货物、工程在目的、标的物、供应方、程序等多个方面存在本质性区别,所以无法以现行《政府采购法》作为直接依据。一些部门和地方改革的积极性很高,推出了一系列的知识产权公共服务,但缺乏充分论证,也没有依照法定程序先取得不同形式的授权。例如一些地方政府相继出台的对"知识产权创造"的激励政策,但由于这种激励并非来自于市场,扭曲了知识产权作为市场经济产物的本质,干扰了正常的经济秩序,造成了极大地社会资源浪费。一些地方政府对企业海外知识产权诉讼进行补贴,违反了 WTO

规则。政府知识产权公共服务一旦不受到法律约束,就可能导致知识产权公共服务的不正当介入,知识产权公共服务无法发挥效用,企业等市场主体的需求难以得到满足。因此需要在改革过程中更多强调守法的重要性,政府须严格按照法律的规范从事管理和服务。

知识产权公共服务法律依据不足,一方面是源于我国现有的相关法律法规体系不够完善、政策性文件较为零散。此外,部分法律法规颁布较早,修订的间隔期较长,导致时效性上相对滞后。另一方面是因为经济、社会快速发展导致对知识产权公共服务需求的多样化,超出了政府供给能力。例如伴随知识产权成为重要的商业竞争资源,国家、产业、企业在知识产权创造活动中投入巨资,对相关知识产权信息进行分析评议和重点审查的需求日益增加。但时至今日,我国重大经济活动知识产权审议制度并没有建立,使得知识产权审议工作缺乏指导规范。知识产权制度体系既是政府知识产权公共服务的基础,其本身也是最为典型的政府提供的知识产权公共产品。当前制度上的缺失直接导致公共服务供给不足。

4.2.2 政府知识产权公共服务的职责尚不明确

职责不明确体现在以下三个方面。

(1) 具有知识产权管理职能的各政府部门之间权责不明确

长期以来,我国管理知识产权的职能分散在多个政府部门:国家知识产权局负责管理全国的专利、集成电路布图设计工作;国家工商行政管理总局对商标权和类似权利给予保护,并负责制止不正当竞争行为;国家版权局主管全国的版权管理工作;国家质量监督检验检疫总局统一管理全国的原产地名称保护工作;农业部和国家林业局对植物新品种权给予保护;国务院信息化工作领导小组办公室是互联网络域名系统的管理机构,而中国互联网络信息中心工作委员会则协助国务院信息办管理我国的互联网络域名系统;海关总署则负责知识产权的边境保护。过度分散的知识产权管理体制造成了国内几乎没有针对重要领域的系统性的知识产权服务平台。2018 年,国家知识产权局实施机构改革,将原国家知识产权局的职责、国家工商行政管理总局的商标管理职责、国家质量监督检验检疫总局的原产地地理标志管理职责整合,重新组建国家知识产权局,由国家市场监督管理总局管理。

重建后的主要职责是，负责保护知识产权工作，推动知识产权保护体系建设，负责商标、专利、原产地地理标志的注册登记和行政裁决，指导商标、专利执法工作等。商标、专利执法职责交由市场监管综合执法队伍承担。上述改革实现了国家知识产权局对专利和商标等工业产权的管理、服务职能合一，但与新技术、新业态下对知识产权管理和服务职能的系统性需求相比，仍然存在较大差距。首先，著作权保护仍然附属于新闻出版体制之下，与专利、商标分而治之。其次，植物新品种保护仍然遵循农林管理相分隔的行政体制，被划分成“农业植物新品种”和“林业植物新品种”。当前，整体而言，我国尚缺乏统一的知识产权公共服务平台，无法为市场主体提供“一揽子”“一站式”知识产权公共服务，难以满足市场主体对知识产权公共服务的需求，进而影响知识产权运用、商品化、产业化和市场化程度的提升。

(2) 中央和地方政府部门之间知识产权公共服务职责的划分不明确

我国长期以来都是中央集权制国家，中央政府和地方政府实际上都是一个整体，中央政府和地方政府在几乎所有的社会事务中都存在你中有我、我中有你的犬牙交错的复杂关系。我国现有的法律法规，仅对我国政府职责和政府间职责划分进行一般性、原则性的规定，缺乏明确、完整的划分政府责任范围的法律规定，这也导致了中央和地方政府在知识产权公共服务提供方面掣肘的现象较为严重。由于公共服务的属性不同，例如受益范围、溢出效应等方面不同，有些知识产权公共服务适合中央政府部门提供，有些适合地方政府提供。我国除中央机构外，在各省、自治区、直辖市也设立了相应的工作机构，并且行政职能涵盖知识产权的多个方面，包括行政管理、行政服务以及行政执法功能。由于缺少不同层级政府之间职责的明确划分，各级政府部门职责同构，有些类型的知识产权公共服务，各级政府部门都提供，造成各级之间提供的知识产权公共服务雷同和重复；而另一些公共服务，各级政府部门都未能提供，造成知识产权公共服务的空白。以专利信息服务平台为例，近年来国家和地方政府根据自身需求建立了各种专利数据库，导致我国专利数据库来源多，检索界面不统一。上述数据库都不同程度存在“重开发轻维护”和“重形式轻内容”现象。缺乏后续的资源补充，更新不及时，用户利用率偏低，缺乏信息交换和成果共享，存在重复建设、无序建设、“信息孤岛”现象。专利信息资源以图书、公报、期刊、报纸、研究报告、法律法规、政策、法院判例等各自独立的形式存在，分散于不同的数据库系统，缺乏有效关联与整合，用户难以快速高效地获得有价值的、权威的信息。另一方面,一些企业急需的专利信息数据库类型存在建设不充分情况,例如缺少跨库检索世界范围专利信息并可中文阅读的检索平台。当前通过因特网可以检索主要国家或组织用各自语言建立的专利数据库,但不能同时实现跨库检索,也不能实现用中文阅读技术内容。缺少中文专利引文数据库。专利引文数据库可以查阅本专利文献引用的文献,以及本专利文献被后人引用的情况,可以初步判断本专利文献在相关技术领域的地位,并深入了解该技术领域的发展情况,但我国目前没有此类数据库资源。

(3) 知识产权公共服务与市场服务的合理边界未能清晰地划定

政府必须为市场服务,政府提供的公共服务不能破坏正常的市场竞争秩序。但是我国知识产权服务业发展尚不发达的国情决定了市场机构尚无能力提供本应由他们提供的知识产权服务,需要政府及时"补位"。而哪些需要"补位",如何"补位"以及如何解决"补位"中出现的问题,都有赖于我们划定公共服务和市场服务的合理边界。伴随中国知识产权事业的蓬勃发展,这个边界也应当动态变化,而非一劳永逸地解决。概括来说,通常风险度低、重要度高的应该由市场、企业来做;重要度高、风险度中的事情则要充分发挥政策杠杆作用;还有些风险度高、重要度高的东西,政府要更多关注,进行前瞻性布局和安排,这将有利于提高资源配置的效率。

现实中,知识产权公共服务和市场服务之间存在较突出的矛盾。例如专利信息领域,公益性专利信息服务与增值性专利信息服务的界限不够明确。促进专利信息的传播利用,是政府的重要职责,政府部门应提供公益性的专利信息服务,最基本的专利信息完全免费,经过一定加工的专利信息可适当收取成本费用。但政府建立的专利信息服务平台存在局限性,无法实现对专利信息的深度加工并得到分析情报,这也为市场服务机构提供了生存空间。在专利信息领域,政府针对普通公众的初级信息服务应该是公益的、免费的,市场服务机构提供的深度增值服务应该是有偿的。如果政府在专利信息服务中提供足够的人力、物力、财力,免费为企事业单位提供各类深度增值服务,就会挤压市场服务机构的生存空间,不利于知识产权服务业发展。事实上,由政府出资对企业提供免费深度增值服务在国际上少见,也不太现实。市场服务机构应致力于打造各种专业数据库及多数据库联机检索分析平台,为社会各界提供专业化的专利战略分析、侵权分析、专利预警咨询等高端信息增值服务。

当前,我国知识产权服务机构的规模和效益还不突出,服务层次不高,为用户提供知识产权战略制定、风险预警、海外维权等高端服务的能力不足,产品和服务与用户的要求还有很大差距,迫切需要政府从产业政策方面进行引导并提供资金扶持。政府部门还应当对专利信息增值性服务给予指导,并提供优惠政策,对市场服务机构从事专利信息公益性服务提供政策性补贴,只有这样才能促进专利信息服务业的健康有序发展。

4.2.3 缺少知识产权公共服务提供者和使用者的互动机制

长期以来,我国知识产权公共服务都是采取自上而下的单一供给机制,缺少自下而上的公共需求表达机制,公共服务的提供者和使用者无法实现有效互动。分析其原因,主要有以下几个方面。

(1) 作为知识产权公共服务需求方的企业与作为知识产权公共服务供给方的政府的某种错位

当前,我国大多数企业运用知识产权的主动性和自觉性还很不够,对知识产权在经营发展或项目开发中的重要作用认识不足,尚未有效运用专利等知识产权信息资源服务其创新和经营,还没有到掌握合理运用知识产权提升其国际竞争力的途径和方法的时候。为了加快提高知识产权运用能力和竞争力,就需要发挥政府的引导和推动作用。政府提供的公共服务内容应当依据多数公民的需要,尊重其自由选择权,同时考虑社会发展环境。但长期以来,我国政府的公共服务决策采取自上而下的方式,政府根据自身的偏好和政绩导向决定公共服务的供给结构、供给内容、供给方式以及供给总量。在全球化进程中知识产权日益被视为核心竞争力要素的形势下,我国企业整体的知识产权意识、能力还普遍不足,企业知识产权的创造、运用、管理和保护能力提高的过程中存在许多共性问题,形成了对于知识产权公共服务的强烈需求。但是,这种需求与政府能够提供的知识产权公共服务存在某种错位,难以对接,从而导致企业的知识产权公共服务需求难以下情上达,形成有效的需求表达,也影响政府提供的知识产权公共服务的形式、内容等。例如我国大量科技型中小企业,存在巨大的资金需求,但缺乏知识产权融资渠道,贷款难、担保难、融资难是长期以来影响和制约科技型中小企业持续发展的一大瓶颈。但是我国至今尚未制定有关知识产权保险以及知识产权证券化的相关规定，即便是在知识产权出资、担保、信托投资等方面，我国相关立法也还是极为粗糙，仅是有法律原则性的规定，并没有针对不同知识产权的特点以及经营中的具体问题作出可供操作的具体规定。如此滞后的知识产权经营立法，除了受到经济发展等要素的制约外，很大程度上源于我国对相关问题的研究不足。此外，以3D为代表的新技术发展，"创客社区"的出现，对知识产权制度提出了新的问题，相关产业该如何保护知识产权？如果知识产权发生改变，又如何来驱动创造力和创新。实践中有关企业知识产权经营的新问题又层出不穷，这也对未来政府知识产权政策的制订、调整提出新的挑战。

(2) 政府提供知识产权公共服务与市场脱节现象的存在

政府提供公共服务是弥补市场失灵的有效手段，但是，政府在活动中也面临信息不完全的问题，其自身组织结构特点、目标和决策模式等导致其提供的公共服务会与市场脱节。政府提供何种公共服务往往来源于其自身的研究和认知，由于政府也面临信息不足的问题，其认知可能与市场的需求脱节错位，公共服务的"药不对症"产生浪费。例如近年来，为了鼓励创新，国家和各个地方政府相继出台相关的专利扶持政策，并设有专项资助资金和其他激励政策。事实证明，专利扶持政策尽管取得了一定的成效，国内的专利申请量和授权量激剧增加，不少企业也从中获益，得到了资金扶持和税收优惠。然而一些企业和个人却将专利扶持政策作为"可投机政策"，即使完全不懂得专利为何物，却知道专利可以成为一项特殊获利工具。企业并不十分重视申请专利的质量和运用，只是为了获得政府扶持带来的利益。这也促使了很多垃圾专利的产生和培养了一批制造垃圾专利的代理人。上海就曾出现过一起相关的知识产权诈骗案，和其他同类诈骗案不同，犯罪分子帮企业免费申请专利，企业可获得专利证书，而犯罪分子却能获得可观的专利扶持费用。知识产权制度是以申请和维持费用作为经济杠杆，剔除质量不高的申请，确保申请质量。例如专利或者植物新品种等的申请费和年费就是为了促使申请人放弃低质量或者没有经济效益的专利、植物新品种或其申请。普适性的资助政策或者不科学的评价指标体系会导致知识产权费用机制失灵，从而导致泡沫的产生。

不科学的政府介入行动将直接导致当前知识产权公共服务处境艰难：一方面，政府提供的公共服务无法发挥效用；另一方面，企业等市场主体的需求难以得到满足。目前我们的知识产权公共服务大多还限于专利申请资助、专利信息检索等基础服务,这些服务并非当前企业最迫切需求的。而伴随企业的发展,提出的种种需求,如知识产权价值评估、知识产权金融服务、专业化知识产权服务机构等,当前的知识产权公共服务体系却又无法胜任。

(3) 缺少连接市场主体和政府的第三方机构

市场主体和政府在提供知识产权公共服务过程中各有利弊。首先,市场机制存在失灵的情况,主要表现在:市场垄断、缺乏投资动力、追求经济利润导致知识产权保护目标的异化等,市场不能充分地公平竞争,这些失灵和缺陷决定了市场主体难以依赖其本身而得到改善,并且不能有效地提供社会所需的全部知识产品,必须要有政府的介入。但政府部门决策存在信息不对称的情况,主要表现在:行政效率不高、决策信息缺乏透明度、公共政策存在失效或针对性不足、行政活动中的寻租和腐败现象等。市场主体的引入,给公共服务提供者创造出一种提高绩效的激励机制。与此同时,还可能出现市场失灵和政府失灵的"双失灵现象"。市场在提供公共物品时,往往因"搭便车"问题而失灵。政府在提供公共物品方面也存在失灵的情况,原因在于其远离社会底层的官僚体制对社会需求的迟钝反应,标准化的供给公共物品难以满足不断变化和个性化的需要而导致供应不足或浪费,垄断性导致的资源配置没有效率。面对市场失灵和政府失灵的同时出现,需要引入中间调节机制。有学者提出,为了克服市场机制自身在公共品提供方面的失灵以及政府公共服务的失灵同时存在的问题,应当在市场这只"看不见的手"和政府这只"看得见的手"之外,再引入中间调节机制这个"第三只手"。社会非营利机构可以充当政府和市场之外的这"第三只手"。社会非营利机构是指不属于第一部门(政府)和第二部门(市场)的其他组织的集合,它以非营利为宗旨,依靠会员缴纳的会费、民间捐赠或政府财政拨款(或资助)等非营利收入,从事第一部门和第二部门无法或不愿意作为的社会公益事业,服务社会公众。通常表现为联盟和行业协会组织。社会非营利机构作为政府和市场之间的桥梁,发挥上下贯通、上情下传、下情上达的功能,形成较为完善的自下而上的需求表达机制。社会非营利机构作为提供公共产品,校正市场和政府双重失灵的主要力量,改变过去政府作为单一公共服务供给主体的模式,构建政府、社会和市场三维框架下的多中心公共服务体系。

现实中,我国社会非营利机构却无法承担此重任。目前我国大部分的行业协会等组织是由政府创建并受政府主导的，政府不仅以"奖金和指导的提供者"角色出现，而且很大程度上控制了社会非营利机构的人事任免权和较大资金的运用权力，致使其在职能上严重依赖于政府。一些机构虽然从政府部门分离出来，但在运行方式上遗留着行政机关的烙印，我国能够促进特定行业集体性知识产权利益的行业协会和跨行业的知识产权中介组织远未培育、发展起来，这也导致社会非营利机构提供的知识产权公共服务供给不足。

4.2.4 知识产权人才服务能力与市场需求间矛盾突出

当前越来越多的企业已经认识到了知识产权的重要性，对于具有商业思维的复合型知识产权人才的需求不断加大。各类知识产权服务人才总体数量不足，国际化、专业化的知识产权服务高端人才严重匮乏，已经成为制约我国知识产权公共服务乃至整个知识产权服务业发展的突出瓶颈。按照国际惯例，一般应按技术人员的4%比例配置知识产权人才。截至2015年底，我国专业技术人才总量达到7 328.1万人，这意味着对知识产权人才的总需求量约293万人。截至2016年底，我国知识产权服务机构数量为2.9万个，知识产权服务业人员数量超过1.4万人，知识产权从业人员严重供不应求。以专利代理行业为例，截至2017年底，我国拥有通过审批的专利代理机构1 937家，具有专利代理人资格的人员达到4.204 9万人，但真正执业专利代理人仅为1.779 2万人。同期我国专利申请数量快速增长，2017年国家知识产权局共受理三种专利申请632.4万件，平均每个代理人一年工作量达到355件，平均1天完成一件专利申请，其质量可想而知。近年来，高新技术企业对知识产权人才的要求越来越高，但招募过程中却很难寻觅到所需的高层次知识产权人才，这已影响到企业长远发展和未来核心竞争力的塑造。我国还缺乏具有一定综合能力的专利代理人员。专利代理人需要从客户的利益出发，具备商业战略头脑。但我国专利代理人培训，重点在于法律技能、文书撰写的技能，对于其他方面的技能拓展不够。多数专利代理人都在埋头代理专利申请，业务过于单一，思路过于封闭，视野过于狭窄，不能适应国际、国内新的发展形势。我国尤其缺乏一批审时度势高素质、跨学科、掌握前沿技术、精通知识产权法律、办案经验丰富、能熟练运用外语的专利代理人才。在知识产权信息领域，国家相关部门在专利基础数据及其初加工等方面投入了大量人力、物力，为我国专利信息服务的专业化发展奠定了基础，但这些经过初加工的数据并未得到充分利用，最重要的原因就是缺乏一支高素质的专利信息服务队伍，无法对专利信息进行有效的整合、梳理和深度开发，难以推出一批适合企业和区域发展需要的有深度的信息服务产品。目前我国高校培养的知识产权人才多来源于法学专业，技术和管理背景较弱。各级知识产权主管部门虽然开展了一系列专利信息培训，但远远不能满足企业和社会发展需要。同样，在知识产权运用方面，近年来我国专利申请数量快速增长、技术水平大幅提高，企业对于知识产权重视程度不断加大，一系列的专利交易市场、交易平台相继建立，但专利运用、转化率却并不理想。整体而言，我国专利市场并不缺少科技成果、资金与服务机构，缺少的是对上述几种资源的有效整合，这正是源于专业服务人才的缺乏。目前高校的知识产权教育多数还是以教授理论知识为主，即使有不多的实践性课程，也大多缺乏系统的实践训练，其中一个重要因素，就是缺乏通晓理论且具有丰富实践经验的师资。目前，高校知识产权专职教师几乎难以胜任这些实务课程的教学。虽然不少学校积极邀请企业、专利事务所等实务部门的资深专家到校授课，甚至聘为兼职教授，但由于其自身时间有限等原因，难以真正完整系统地独立讲授课程。

整体而言，我国知识产权公共服务与其他公共服务相比，无论是经济影响力还是社会影响力，都相对较小。

4.3 不同市场主体对于知识产权公共服务的需求

企业规模和市场力量是影响企业创新的重要因素。大企业和中小企业在创新方面各具优势。一方面，大企业拥有充裕的资本进行研发投资、多元化的业务和项目实现风险分散、一定的市场力量来获取创新的经济收益，是创新的重要领导者。另一方面，中小企业内部架构简单，市场反应迅速，机动灵活性强，在进入具有成本低、资本密集度低等特征的产业中创新份额较大，是创新的重要变革力量。不同规模企业在市场竞争中处于不同地位，因此对于知识产权公共服务的需求也存在差异。此外，市场服务机构对于知识产权公共服务也存在着特定需求。

4.3.1 大型自主知识产权优势企业对知识产权公共服务的需求

近年来中国已经涌现出一些企业，他们在全球专利格局中处于领先地位，例如华为技术有限公司、中兴通讯股份有限公司等。上述企业对于知识产权公共服务的需求，主要体现在以下方面。

(1) 知识产权分析评议服务

对于大型企业而言，知识产权成为其重要的商业竞争资源，企业在技术创新活动中往往投入巨资；企业更多将知识产权作为战略与商业手段结合，从而强化其竞争优势。对于相关知识产权信息情报的分析评议和审查，正逐步嵌入企业经济活动的全过程。一方面，通过对包括专利在内的知识产权整体情况和发展趋势进行分析，预测市场和技术创新空间，指导专利布局和专利挖掘。另一方面，针对潜在的风险突出建议，避免因侵权或受制于他人知识产权使得企业蒙受重大损失。当前，大型企业知识产权管理人员已经能够熟练地利用专利数据库进行检索，但这并不意味着他们能够很好地利用检索结果，开展知识产权分析评议。知识产权分析评议除了关注专利信息外，还需要综合商标、版权、技术秘密、计算机软件、集成电路布局设计等多方面的信息，从而保证知识产权类型的组合性和整体性。企业需要一个能提供快速获取全球范围的知识产权信息、快速深入理解知识产权信息的服务平台。同时，企业知识产权工作人员不仅具有专利代理人的素质，还需要对本领域普通技术知识和企业的经营信息有充分的掌握，进行关联性研究，最终面向研发人员或具体执行人员提供全面详实的知识产权信息和操作指引等。这提升了对企业知识产权工作人员的要求，但也是未来企业知识产权工作的发展趋势和发展方向。

(2) 知识产权运营服务

对于大企业而言，如何通过鼓励创新、提高公司在市场上的竞争能力，已成为高技术公司管理层面临的一个不可回避的课题。比起单纯的专利申请，企业更注重授权的专利质量和商业价值。因此如何提升知识产权的质量，使其可以快速地转化为企业的竞争力，成为了各大企业的关注重点。此外，企业重视实施标准战略，积极参与国际标准的制定，通过把自有技术方案纳入标准之中来扩大专利保护的范围,稳固本企业在国际市场上的竞争力。

如何利用公司收购及并购的市场行为为公司在短期内建立起强有力的知识产权保护,尽可能减少或避免因知识产权侵权而带来的商业风险,也成为企业关注的一大焦点问题。现阶段,我国知识产权交易市场尚不健全,企业知识产权交易经验尚浅。政府应该放松中国企业出售其专利的限制。国内企业发现自己不需要的专利,以合理的价格出售给国内外企业,应当予以鼓励和支持,而不应仅仅因为担心企业经验不足导致部分专利转让价格过低而束手束脚,重要的是允许市场的自然形成,使得中国企业在交易中愈来愈娴熟。一味地保护的后果往往导致企业见识有限,没有足够交易经验作出理智判断。政府的职责是塑造良好的商业环境,使得企业交易能够按照商业的基本规律运行,遵循契约精神、信赖专业知识。

(3) 专业化知识产权管理服务

大企业在多年的知识产权管理与运用实践中,已经提炼出一套适用于本企业的管理理念、方法和体系,公司内部建立了完善的知识产权申请、维护、管理流程,制定了知识产权激励方面的一系列内部规章,企业知识产权管理模式已然成型,此时通过一定的评审流程保证企业知识产权管理质量便尤为重要了。大企业现在需要的是突破传统软件思维、流程思维限制的创新性知识产权管理服务,例如介入产品设计生产和公司运作过程中,帮助企业设计适合的管理流程,确保新产品更快地进入市场;在研发、申请、起诉、许可各个阶段提供专业的管理辅助,系统地评价知识产权组合的各个方面并使其增值;帮助企业实现标准化的评审机制,对评审的角色和流程均进行定制化设计;提升企业在知识产权创造、维持和保护方面管理效率,真正做到有的放矢、简单易行。

(4) 知识产权维权服务

对于大企业来说,知识产权诉讼中证据收集难度较大,这是因为:第一,证据材料一般存在于多个部门、多个档案之中。为了找到针对某一案件的证据,需要投入大量的时间和精力,影响案件进程。第二,证据存在于多个部门。这些部门只能在本职工作之外有限配合证据收集工作,证据收集、调取流程不畅,效果不能尽如人意。第三,证据效力不足。企业费劲心力搜集的证据,并不意味着就能适用具体案件,还要看证据的效力。鉴于目前中国企业面临的诉讼风险,为了保护企业利益,政府不但需要在预警方面进行更多的工作,而且应当注意吸收类似地区的经验,抓住核心问题投入资源,帮助企业解决当务之急。

(5) 知识产权运营人才需求

国内的一些大企业,在获得大量专利授权之后,面临的一个集中问题是整理了解自己现有的专利。整理专利不仅仅是进行简单分类,更重要的是确认其价值适用范围。企业需要按照专利保护的技术方案,对专利做细致的分析、整理,为专利的运营打下基础。整理专利工作量很大,而且要求负责审阅专利的人员在技术发展趋势和企业商业策略上有丰富的经验。目前绝大部分企业的专利管理人员偏少,工作量大。如果要求其仔细研读专利,发现适合运营的专利,工作压力必然难以承受。如果外派给律师事务所和专利代理机构处理,将涉及到经费预算问题,同时外部律师如果不是和该企业有深入合作,对于产业的理解也往往和公司的经营人员有距离。研究整理专利之后,通过什么样方式和条件出让许可专利也是难点。专利交易的标的物较为特殊,往往只有熟悉特定领域的技术和商业方向的人才能比较好地判断出专利的价值。这样的人才一般来说需要从具体商业、法律实践当中培养。

4.3.2　中小型企业对知识产权公共服务的需求

近年来,随着创新型国家建设和知识产权战略实施的深入推进,我国中小企业的创新能力和知识产权运用能力有了显著提高。但中小企业在运用知识产权参与市场竞争方面还面临着不少困难与问题,其创新能力和知识产权运用能力仍不能适应我国加快转变经济发展方式的需要。中小企业仍处于由政府引导、企业被动接受向企业主动、积极探索运用知识产权制度实现创新发展的转变阶段。在当今的经营环境中,面对资金、专有技术、人才短缺等问题,政府除了对中小型企业进行知识产权重要性的启发教育,还应充分了解中小型企业对于知识产权公共服务的需求,针对不同状况的企业提供细致周到的支援,帮助其消除发展进程中遇到的与知识产权相关的障碍。

(1) 知识产权意识培养

我国有相当数量的中小型企业,特别是刚刚问世的小企业,有较先进的新技术,但普遍缺乏信息、资金和专业的知识产权管理人才;绝大多数企业在知识产权方面无管理部门、无管理人员、无资金投入,企业内部知识产权管理制度尚未建立起来;企业技术模仿的多,自主创新的少。很多企业的技术是行业的一般技术,对企业快速发展构成了诸多的不利。此外,多数企业在缺乏保护自主知识产权的意识和能力的同时,也有意无意地侵犯着他人的知识产权。伴随中小企业对知识产权重要作用认识越来越深刻,需要政府继续加强知识产权基础性工作,为中小企业提供知识产权指导和服务。此外,随着创新型中小企业的不断涌现,企业对国际竞争的参与度不断提高,部分知识产权优势企业对高水平知识产权公共管理和服务提出了日益强烈的要求。这需要政府从提升知识产权公共管理和服务的水平入手,不断拓展管理和服务领域,营造有利于中小企业创新发展的环境,满足企业日益迫切的普遍性需要,引导更多企业向创新发展的方向上升级转型;切实改善中小企业运用知识产权制度所需要的专业人才、深加工信息等重要基础性条件;针对性地加强对中小企业的指导和支持,促进创新型企业的快速发展。

(2) 知识产权信息服务

当前创新领域发生了翻天覆地的变化。虽然专利属于垄断权,但它并不能保证对发明创造进行产业规模的开发利用。企业不能单纯依靠对发明的专有权来销售产品,多数中小企业并未将其产品、技术的创新研发与专利申请进行有效结合。创新研发与专利申请各自独立运作、相互脱节的现象普遍存在。企业在产品、技术研发具有初步成型或完全成型的产品之后,再对其中创新成果进行专利挖掘。如果研发周期长达数年甚至更久,历经数年自主研发的许多创新技术已经被竞争对手抢先申请专利。鉴于大部分中小企业都存在着资金不足和专利信息人才缺乏的问题,政府应在专利信息检索、咨询、培训等方面对中小企业予以扶持,分地区集中建立一些信息服务机构并配备专业人员,针对重要的前沿专利信息进行分析,形成统计分析报告,提供给中小企业,帮助中小企业进行技术发展和市场预测,降低企业经营风险。

(3) 知识产权维权服务

对于中小企业而言,知识产权是创造企业价值的关键,当前市场上知识产权侵权现象较为严重,而利用行政手段和司法手段维权较为费时费力,中小企业难以借助于知识产权保护自身研发成果,迫切需要政府提供援助服务。将知识产权许可给大型组织对于许多规模较小的企业而言是重要的收入来源。中小企业迫切需要政府在知识产权维权服务等方面提供服务,使得中小企业在将其知识产权授权给大型企业时能够保护他们自己的利益。

(4) 知识产权管理服务

知识产权服务涉及法律、技术、经济、管理、外语等多方面知识和能力,不仅需要高水平的专业人员,而且需要完善的基础设施,特别是需要完善的知识产权信息资源共享设施。这对于大多数企业和科研院所,特别是中小企业来说,是难以做到的,勉强去做,不但成本高,而且效果未必好,因此需要政府加以扶持。

4.3.3 小微科技型企业对知识产权公共服务的需求

(1) 知识产权获取服务

近年来,国家、地方各级部门都采取系列措施提升企业知识产权意识,但挑战在于如何使得上述信息更为精简、容易获取,并能切实解决小微科技型企业在经营活动中面临的世纪挑战。在调研中发现,超过一半的小微科技型企业曾经有过向国外申请专利的想法,但最终没有实施,超过 8 成的原因是费用问题,另外则是由于企业对国外各国的知识产权制度,申请、维权机制等,缺乏了解。

(2) 知识产权检索服务

大量的小微科技型企业在进行研发时,未进行全面的技术检索和分析,这可能导致研发的技术可能并不符合可专利的特征,无法获得专利授权;也可能导致一些重复研发,企业未来陷入专利侵权的困境。当前大多数小微科技型企业并不重视分析和利用已有技术,进而难以发现能够找到突破的技术点,从而挖掘出更有价值的专利。这也导致我国企业的行业内技术差异性低,难以形成有效的市场竞争力。

(3) 知识产权运营服务

小微科技企业规模小,但发展潜力大、活力强,而且对知识产权高度依赖。通过找对市场空白点、找到对手技术漏洞、找准自身立足点,可以构建后发技术优势。另一方面,小微企业的规模小、底子薄、实力弱,资金缺乏是个大问题,对知识产权金融公共服务具有强烈需求。知识产权资本化可将知识产权的价值和使用价值折算成股份或者出资比例,使之成为资本,用于增添本单位的自有资本或者用于对外投资,并实现其价值,以提升企业的核心竞争力和增加经济收益。知识产权资本化是破解小微企业融资难、融资贵的关键举措,其在实施过程中存在两个必要条件:其一,知识产权的价值能够准确而切实可行地被评估;其二,知识产权的价值在将来(一定期间内)具有获利可能。目前,商业银行采用的评估指标体系主要针对企业的有形资产。商业银行是否放贷,以及放贷额度的多少,主要取决于有形资产抵押物的价值。一旦有风险,银行可以把质押物卖出去,以减少损失。知识产权则不同,它是无形性的,未来能取得多少收益也不确定。由于市场竞争激烈,科技产品和技术更新换代迅速,许多知识产权甚至在没有到期前就已丧失了经济价值。同时,因为知识产权交易市场不够成熟,一旦企业不能还款,银行很难及时找到下家,合理处置知识产权。鉴于此,政府要积极探索,创造可复制、可推广、可借鉴的小微企业知识产权质押融资新做法、新模式、新经验。

(4) 知识产权管理服务

小微科技型企业的知识产权保护,需要更多的思考和策略性安排。但目前我国小微科技型企业普遍缺乏知识产权管理经验,具体表现为企业在知识产权管理中缺乏长期或短期计划,在专利的保护上不能做到及时高效,对于企业的商标和品牌不能定期维护,科技创新与市场需求相脱节。与国外同类型的企业相比,我国小微科技型企业同样缺乏将知识产权管理与企业的整体战略相融合的经验,致使企业频频发生知识产权流失以及专利开发和利用效率低下等问题,不能发挥企业知识产权资本的最大效用。

4.3.4 知识产权服务机构的需求

知识产权服务业为国民经济中各个产业的技术研发提供信息咨询、专利代理、等服务,更重要的是为知识产权产业化提供有效的帮助。知识产权服务机构不是一个依附单位,其本身也是一种企业形态,有其自身的产业链条,如知识产权申请、保护、运营、管理的链条,亦可以产生巨大的社会服务价值。我国知识产权服务业经过近些年的高速发展,取得了显著的成绩,但仍存在诸多问题,突出表现为从业人员严重不足,无法满足实际发展需求;相关法律法规体系不健全,缺少监督管理体制;面临严峻的国际化挑战等。整体而言,我国知识产权服务业还处于初级阶段，难以满足日益增长的知识产权综合服务的需求，其未来的发展，追根究底离不开政策的引导和支持。这不仅仅在资金资助方面，还有很多的政策和程序设计，推动知识产权服务业的蓬勃发展，进而提升整个国家的知识产权实力和价值。

(1) 对于制度保障体系的需求

当前我国关于知识产权服务业的立法相对滞后，相关法律规定几乎是空白，仅仅是在相关规划、计划、意见中有所涉及，缺乏系统、全面性。对于知识产权服务机构的资质、市场准入、管理等缺乏明确规定。政府从法律、政策等方面营造有利于知识产权服务业发展的软环境。完善相关法律、法规，建立落实服务行业不正当竞争的监督、惩罚机制，创造公平竞争的市场环境，使知识产权服务业能在自由、竞争的环境下发展，为经济社会发展提供服务。

(2) 对于公共服务基础设施的需求

当前知识产权信息资源建设，条块分割，没有形成有效集成、共享的机制，支撑知识产权服务业发展的基础信息和相关物理平台缺乏。政府应整合现有平台资源，构建统一的知识产权公共服务平台，实现各类资源的开放和共享，有效支撑知识产权服务业发展。此外，知识产权服务业组织体系不够完善，需要政府帮助下，尽快成立本行业的组织机构，指导知识产权服务业健康发展。

(3) 对于专业人才的需求

知识产权服务业的发展离不开专业人才的培养。当前我国知识产权专业人才短缺，其中高端复合型人才短缺现象极为严重。单纯依靠企业培训仅仅是杯水车薪，需要企业、社会、政府共同培育。政府制定出台知识产权人才认定机制、人才培养补助政策，人才奖惩机制等，推动知识产权教育和人才培养不断向广度和深度发展。

4.4　知识产权强国建设对于公共服务的要求

正如前文所述，近年来我国虽然在知识产权事业方面取得了很大进步，但与“知识产权强国”相比，知识产权整体实力还有相当的距离。不可否认的是，这种差距的存在很大程度上与知识产权公共服务不足有关。“建设知识产权强国”的战略目标，要求我国提升知识产权基础能力，建立健全知识产权公共服务体系，为深化实施知识产权战略提供基础支撑，这也对我国知识产权公共服务提出了新的要求，具体表现在以下方面。

4.4.1 知识产权创造环节

未来几年我国经济增长模式将逐步实现从总量扩张型到消费主导型、从政府主导型到市场主导型、从关注数量到关注质量的转变。我国各级政府、行业、企业正努力实践“数量布局、质量取胜”的发展路线，中国知识产权事业亦不例外，要实现“数量布局，质量取胜”。

应尽快改变国家政策导向层面的“唯数字论”，落实在知识产权公共服务层面，一是要从政策评价指标方面引导公众理性地进行专利申请，更加注重提升专利质量；二是要调整政策的定位，分清政府与市场的职能。除了给予小微企业及部分中小企业以必要的扶持外，过多的专利资助资金并不一定能够产生真正的创新，政府的相关政策应从物质激励转为战略引导，让我国专利制度回归其本来面目。知识产权行政管理部门应改变不科学的介入行为，尊重并发挥市场机制在知识产权创新中的作用，引导知识产权申请由数量向质量转变。

4.4.2 知识产权运用环节

虽然我国知识产权相关的专利申请、授权总量等都是世界第一，但转化率其实并不高。2014 年 10 月，党的十八届中央委员会第四次全体会议发布的《中共中央关于全面推进依法治国若干重大问题的决定》中明确提出：“我国要完善激励创新的产权制度、知识产权保护制度和促进科技成果转化的体制机制。”将知识产权的保护及运用提升到一个新的高度。

知识产权转化率不高除了研究与转化脱节、转化信息不透明造成持有成果和想运用成果的双方信息不对称外，知识产权的风险无法规避、相应评估机制不健全、无法帮助投资人更好地消化风险也是重要原因之一。知识产权的风险是无形的，受市场影响较大，尤其是科技含量越高的知识产权，转化过程中需要的投入就越高,风险也就越大。我国的无形资产评估机制不完善导致很多国家科技重大专项和科技计划无法快速推进,大量知识产权无法得到运用。

横琴国际知识产权交易中心编著的《2017 年中国专利运营状况研究报告》显示,2017 年,我国专利转让以 86.2%的比例稳居专利运营之首,但以集团公司内部的专利转移现象居多,真正盈利性的转让发生次数相对较少。在 2017 年专利许可中,公司类许可占主体,国内让与人与国外让与人人数相当,但盈利性许可次数远低于国外。国内企业以自许可居多,国外企业以盈利性许可居多。总体而言,目前我国对专利的许可运用方式不太乐观,国外专利非经营实体(NPE)、专利池多种专利运用手段迸发,而我国对于专利许可的运用方式仍停留在初级阶段。

有效的知识产权公共服务体系是加强知识产权运用、建设知识产权强国的保障。应建立主要由市场决定技术创新项目与评价成果的机制。一是要健全技术转移机制,真正促进技术交易市场的发展;二是改善企业融资条件,完善风险投资机制,建立以政府为指导、企业投入为主体、金融机构为辅助,社会资本和风险投资共同参与的多元化融资体系;三是政府主管部门、行业协会等机构要为企业提供政策指引、策略指导和信息分析及预警服务,指导、帮助企业善于进行全球专利布局,勇于主动应诉纠纷,依法维护自身知识产权合法权益。

专利如同"待嫁新娘",其转化有个过程,需要科技与市场有机结合,中间也许还需要政府这个媒人牵线搭桥。但残酷的现实却是,一方面是专利申请量、授权量"井喷",却难以转化为生产力。另一方面则是企业需要的专利成了无源之水。如何让专利找个"好婆家",是政府应该仔细思考的新问题。需要在政府的统一协调下,多措并举、多管齐下,构建以企业为主体、市场为导向、产学研相结合的技术创新体系及科学激励机制,促进高校"创造科技成果—专利化—商业化"良性循环。一方面,各级政府要通过搭建高校专利与企业对接平台等方式,引进投资者,促进专利转化。要通过制订政策,对生产专利产品的企业给予贷款、税收等优惠扶持。要着力搭建企业与高校联姻机制,定期组织企业和高校"互通有无",防止专利"待字闺中"等。另一方面,高校也要逐步设立专项基金,用于资助教职员工的专利申请费、代理费等,营造浓厚的发明创造氛围和专利转化环境。高校科研人员也要眼光向外,针对企业难题进行技术创新,别让"不接地气"项目阻碍专利的转化。

4.4.3 知识产权保护环节

2018 年,国务院总理李克强出席 2018 年夏季达沃斯论坛开幕式并发表特别致辞。李克强在致辞中表示,中国政府坚决依法保护知识产权。这不仅是履行国际规则,也是中国创新发展的内在需要。中国将实施更加严格的知识产权保护制度,对侵害中外知识产权的行为坚决依法打击,加倍惩罚。让侵权者付出难以承受的代价,让创新者放心大胆去创造。一方面,政府要营造有利于创新驱动的制度环境。开展知识产权保护绩效考核,提升知识产权司法保护效能。建立公安、检查、海关、工商、版权、专利、商标行政执法联席会议制度,提高行政执法能力。另一方面,开展知识产权维权援助服务。搭建全国维权援助与举报投诉网络平台。加大企业海外维权援助。多年来,我国企业商标在国外大量遭抢注,已成为企业开拓国际市场的普遍问题。一些国外企业针对中国企业不熟悉当地法律,且不愿利用司法诉讼维权的特点,将知识产权诉讼作为竞争手段,专门发起向我国企业的诉讼,对我国企业尤其是中小企业开拓市场造成极大困扰。许多企业没有海外投资、并购的经验,尤其是处理知识产权事务方面,经验不足。有的兼并收购企业时,并未获得价值最高的被收购企业的核心知识产权。有的没有进行系统的知识产权评估,陷入知识产权陷阱,被迫缴纳巨额许可费用。面对知识产权在国外被侵权,如果选择维权,企业面临的将是高昂的维权成本,迫切需要政府提供帮助。

4.4.4 知识产权管理环节

强国建设对知识产权管理提出新的要求。第一,改进知识产权的宏观管理。应从宏观上加深知识产权公共服务对经济强国、科技强国、贸易强国、人才强国、文化强国等国家战略支撑作用的理解与认识;加强知识产权分析、知识产权预警、知识产权评议等知识产权公共服务职能与企业、产业、高校及科研院所等主体健康发展的相互融合;综合运用财政、税收、金融等多种政策手段引导市场主体创造和运用知识产权。第二,营造公平良好的外在环境,用知识产权公共服务政策弥补市场失灵的机制而不是干扰市场机制的运行。第三,规范知识产权服务业有序发展。第四,加强知识产权管理人才队伍建设。第五,加强对知识产权信息公共服务平台的规划、设计与整合。

5 国外知识产权公共服务经验借鉴

5.1 世界上主要知识产权强国公共服务与经济发展关系

5.1.1 美国知识产权公共服务调整与经济社会发展的阶段性特征

(1) 20 世纪 70 年代美国经济衰退

欧洲、日本的战后重建促进了美国经济的繁荣。但由于受到 20 世纪 30 年代大萧条的影响,美国政府管制太多,市场竞争活力不充分,导致了 70 年代美国经济处于持续衰退(尽管也有短暂恢复阶段),并且呈通胀与高失业率并行的滞涨。

在知识产权方面实施"弱保护"策略实施。长期以来,美国各界一直对天生具有垄断性质的专利权持有"制约"而非"鼓励"的基本态度,1933 年,美国执政党认为当时的世界性经济萧条的祸首是垄断,而专利制度同样罪责难免。政府运用财政和金融手段,直接对经济进行干预,并对企业经济活动采取严格管制。知识产权方面主要表现为对专利权的控制,防止专利滥用造成的后果。美国司法部反垄断处和联邦贸易委员会成立专门小组处理反对专利权的诉讼案。知识产权公共服务没有引起政府的关注。政府对知识产权保护的忽视,不仅让美国经济发展缺乏先进科技创新成果在支撑,还导致美国的科研能力和成果雄霸全球,但其产品却没有相应的国际竞争力,甚至难以对抗德国和日本。

(2) 20 世纪 80 年代至 90 年代末期美国经济复兴

进入 20 世纪 80 年代,里根总统积极推动经济复兴计划,美国经济开始慢慢复苏,国际竞争力也得以恢复。90 年代,美国经济真正复兴。美国各界认识到,美国在经济竞争中最大的资源和优势在于科技和人才。由于知识产权保护不利,使得外国能够轻易模仿,并凭借劳动力和制造业的廉价成本优势实现了经济快速发展。

1996 年克林顿总统在美国国会讲演时指出:"保护知识产权就是要加强美国最大的两个优势。第一是我们居世界首位的高等教育体系,我们在知识密集型产品和服务的竞争中占优势;第二是我们经济的灵活性,这使企业家在美国比在其他国家能更迅速地发明出新技术并以此建立新企业。如果我们出口的产品与服务中包含的知识产权不能得到妥善保护,这些优势就会削弱。"知识产权成为美国经济发展的最主要推动力。这一时期,政府提供的知识产权公共服务主要表现在以下方面。

第一,建立有利于专利保护和商业化实施的制度环境

对内,美国政府修改了《专利法》《商标法》《著作权法》和《反垄断法》,对知识产权的保护空间和保护力度都达到了空前的程度。1981 年开始实施的《拜杜法案》,允许小企业和非营利性质机构在绝大多数情况下保留执行政府合同所产生发明的专利权,即有权就其完成的联邦资助项目所产生的发明以自身名义申请专利并享有专利权,而政府只保留一种介入权(March-in Right)。只有当专利权人不采取有效步骤实施发明或政府出于公众健康或安全考虑的情况下,政府才有权责成专利权人向合理的申请者以实施许可方式转让该项权利。这有效激起了美国大学的专利保护意识,掀起了大学创新成果专利化和技术转移潮流。之后联邦政府制定了《技术创新法》《联邦技术转移法》《技术转让商业法》《技术转移商业化法案》等多项有关技术创新和技术转移的法律,构成了完整的鼓励科技创新和技术转移的知识产权体系。上述体系一方面鼓励企业通过创新和利用知识产权,形成市场竞争优势,并有利于美国在全球范围内维护本国利益;另一方面,也保证了美国大学、研究机构和企业在合作过程中有序推进和实现技术转移。对外,将保护美国在海外的知识产权列为美国对外政策的重要目标。不仅在 1984 年制定《贸易和关税法》中规定 301 条款,而且在世界贸易组织规则中使知识产权保护美国化,并积极主导和推动 TRIPS 协议的签订,构筑美国式的知识产权国际保护。

第二,设立国家层面专利技术转移机构

1974 年美国 700 家联邦实验室组成全国新技术转移网络组织:联邦实验室技术转移联合体(FLC),1986 年《联邦技术转移法案》要求联邦政府大部分研究机构加入该联合体,并正式向 FLC 授予特许状。FCL 旨在促进和协助联邦实验室的科研成果和新技术向美国产业部门快速转移。其主要职能包括:加强各联邦部门及其实验室的交流,鼓励州和地方政府、企业、大学和其他利益相关者的对话,使技术转移实践经验、成功方略大众化；探索创新型技术咨询服务和其他技术转移活动的有效途径，降低联邦实验室技术转移的成本和风险；通过评估和分析联邦各部门技术转移政策、程序和实践活动的优劣，完善和创新技术转移过程，并向有关人员提供基本和高级培养和培训，以提升技术转移能力。1989年由国会拨款，成立美国国家技术转移中心(NTTC)，该中心为非营利性的独立机构，提供整合性技术交易信息网站及专业咨询服务，为美国民间产业获取联邦技术资源提供支持。具体包括专业咨询、技术交易事项辅导、技术商业化辅导、教育培训等专业服务。该中心的美国国家技术交易网络已连接全美700个联邦实验室与100所大学，并建立6个区域技术转移中心，形成覆盖美国产、官、学、研各界的技术交易网络。联邦实验室技术转移联合体(FLC)、美国国家技术转移中心(NTTC)与国家技术信息中心(NTIS)和联邦实验室研究与技术应用办公室(ORTA)共同形成美国国家层面技术转移服务机构，强化技术转移体制，极大地促进了知识、技术、人才流动。

第三，综合运用财政、金融手段

一是加大对基础研究的财政直接投入。1971—2000年间，美国联邦政府研发经费增加3.6倍，其中多数增长经费投向大学等科研机构。二是运用财政资金对专利等费用进行补贴，1999年对所有的团体和成员都降低了专利申请费。三是综合运用财税、金融及政府采购政策，例如利用税收信贷鼓励企业技术创新和实施专利。1993年，美国制定《购买美国产品法》，规定联邦政府机构除在境外使用、价格过高、对本国产品优惠不符合公共利益、本国产品数量不够或者质量不高等特殊情况外，必须购买本国产品，工程和服务必须由国内供应商提供。美国政府逐步引导创新型知识产权融资活动。一方面针对专利、商标、版权等自身的特点，开发评价方法，比如专利评价中的设计回避方法与可比较的交易法等。另一方面推动创新型专利融资活动的具体实践。早在1997年美国便已开创了世界上首个知识产权证券化案例，当前知识产权证券化的对象资产已经非常广泛，从电子游戏、音乐、电影、休闲娱乐、演艺、主题公园等与文化产业关联的知识产权，到时装的品牌、最新医药产品的专利、半导体芯片，甚至专利诉讼的胜诉金等。在知识产权保险方面，早在1973年美国ISO的CGL保单将专利侵权责任保险首次纳入普通商业责任保险的承保范围，相关制度的研究与执行方面也十分成熟。整体而言，对于专利资产证券化、专利保险等知识产权融资活动，美国政府采取市场主导机制。此外，政府还联合民间力量成立信用保证基金，如知识产权创新金融服务公司等，以提供直接资助或全额担保的方式，评定知识型企业的知识产权处分价值，进而提升知识型企业的债信能力，为其发展提供信用保证。

第四，扶持中小企业技术创新、知识产权发展

从20世纪40年代起，美国就开始设立扶持小企业发展的官方机构。政府还专门建立了与信息高速公路相连的中小企业服务网，小企业信息中心等社会中介组织，为中小企业提供信息服务。进入80年代，美国先后颁布了《史蒂文森——怀特勒创新法》《中小企业创新发展法》《技术创新发展法》等促进科技型中小企业发展的法律。这些法律法规将中小企业的科技计划的设立与实施、技术转移、技术推广、知识产权保护等方面进行了全面的规范，建立了一个涉及多方面、多角度的法律体系。近年来，政府在制定新的政策法规时，尽量避免其对小企业产生不利影响，争取对小企业起到有利的扶持作用。政府还制定了"小企业创新研究计划"和"小企业技术转让计划"，并于1983年设立了小企业技术创新和转移奖励项目，用以支持小企业的技术进步。政府还积极帮助小企业在联邦政府采购中获得"公平份额"，规定政府应该在各种采购中给予小企业不少于23%的份额。

(3) 21世纪美国经济颓势初显

2008年全球金融危机，美国主要金融机构受到重创，失业率大幅攀升，这也导致政府的公共服务投入大幅度削减。面对困境，奥巴马政府提出美国经济要从过去维系在金融信贷之上的高消费模式，转向出口推动和制造业推动的增长模式。

在知识产权方面，美国社会形成共识，美国经济对知识产权具有很大的依赖性。根据美国商务部估算，2010年美国知识产权密集产业增加值的直接贡献为5.06万亿美元，占美国GDP的34.8%，为美国提供了2 710万个工作机会，占全部就业的比例为18.8%。2013年，美国商务部公布了新的国民生产总值(GDP)统计方式，将知识产权、研发支出、文化产业支出等指标纳入新的GDP统计体系之中，将长期以来无法被传统GDP统计所识别的知识产权等无形资产"有形化"和"资本化"，真正体现了美国以创新经济为主导的新兴经济形态。近年来，美国对经济结构"过度虚拟化"进行纠偏，推行再工业化，引导制造业回流，以重振实体经济。然而，即使美国部分制造业环节出现回流，在现行全球生产网络下，美国中间品和终端产品制造环节仍将在相当大的程度上倚仗海外供给。而且，美国本身的经济也

多依赖于知识产权密集型产业。2016 年 9 月，美国商务部经济和统计管理局(ESA)、美国专利商标局(USPTO)联合发布了《知识产权与美国经济：2016 更新版》研究报告指出，2014 年美国共有 81 个知识产权密集型产业，创造产值 6.6 万亿美元，对国内生产总值(GDP)的贡献率达 38.2%。知识产权密集型行业直接提供的就业岗位 2 790 万个，占全部就业岗位的 18.2%。上述数据进一步证明，创新和知识产权已经成为美国经济增长新源泉的现实。

从知识产权公共服务角度，主要有以下几个方面。

第一，完善知识产权政策和法律体系

美国在知识产权法律方面进行了一系列的修订和扩充。2008 年 10 月 13 日，美国总统布什签署《优化知识产权资源和组织法案》，旨在加强民事和刑事法律对假冒和盗版的惩处力度，以更好地构建美国知识产权保护体系。2011 年美国专利法改革，主要内容涉及由"先发明制"改为"发明人先申请制"、修改宽限期、扩大现有技术范围实行绝对新颖性、删除对在国外完成发明创造的限制、赋予美国专利商标局更大的财政自主权等。美国在法律政策上的重视，为建立健全知识产权创新的激励机制，形成一个整体的知识产权创新体系起到了积极的作用。

美国还积极在世界上建立有利于美国的知识产权大环境。2005 年美国国会通过立法，扩大了全国知识产权执法协调委员会的职责范围，包括确定国际知识产权保护和知识产权执法的政策、目标及战略，制订在海外保护知识产权的战略，协调并监督政府部门实施这些政策、目标、重点及战略；2005 年 7 月，美国政府又设立国际知识产权执法协调员(Coordinator for International Intellectual Property Enforcement)，其职责是协调联邦政府的资源，在美国国内外加强知识产权保护。奥巴马政府时期，美国借助《反假冒贸易协定》和《跨太平洋伙伴关系协定》，运用区域贸易机制安排强化知识产权保护。特朗普执政美国后，奉行实用主义贸易政策，要在全球贸易中获得现实利益，而不是成为推动全球贸易自由化的领导者。特朗普认为过往多边、诸边贸易规则下形成的"特惠型贸易网络"并没有使得美国受惠，反而导致美国贸易逆差太高，抢占了大量美国蓝领工人的饭碗。特朗普需要把岗位留在美国国内，生产大量美国商品，并且输出到世界各地。没有一种现存的多边规则能够满足特朗普的这一需求，所以把过去的规则推翻，与相关国家逐一进行双边贸易谈判，重以期创造更多制造业就业机会。在"美国优先"贸易政策下，特朗普执政后即宣布退出的跨太平洋伙伴关系协定、在谈中的跨大西洋贸易与投资伙伴协定，重启北美自由贸易区谈判。退出跨太平洋伙伴关系协定，并不意味着美国在国际上从坚持强知识产权保护标准后退，而是标志着美国贸易政策或将从奥巴马执政期间所致力于构建的以跨太平洋伙伴关系协定为代表的多边贸易机制，向双边贸易机制转化。在国际知识产权谈判中，美国凭借其强大的国家实力，占据着优势地位，同时也精于谈判策略的运用。一个典型的例子，乌拉圭回合谈判之所以纳入知识产权新议题，作为服务业和高科技行业的市场领导者的美国跨国公司发挥了极为关键的作用，并得到美国政府的大力支持。美国政府一方面通过北美自由贸易区谈判在该自贸区内锁定了同样高标准的知识产权保护并分化了拉美国家对TRIPS协定的反对，另一方面通过国内立法在1988年制定了一个授权对被认为保护知识产权不力的发展中国家进行单边贸易制裁的特别301条款，这迫使巴西不再反对TRIPS协定而印度遭到孤立。而伴随多边贸易机制向双边贸易机制转化，美国的谈判优势可能更加明显，美国可凭借其强有力的内部市场利诱和单边制裁来推进知识产权严格保护战略。强化知识产权保护仍然是美国的主导性政策取向，而且可能在双边化机制中进一步得到落实，甚至超过《跨太平洋伙伴关系协定》已经确定的框架和标准。

美国专利商标局(USPTO)制定了面向21世纪的知识产权战略。战略目标就是建立保持美国发明人在全球竞争优势所需要的专利商标制度，将USPTO成为以质量为核心，对市场变化反应灵敏的市场驱动型知识产权机构。2013年出台新的《美国知识产权执法联合战略计划》，旨在寻求更为周到、专业和高效的知识产权执法方法，创造更多的就业机会，提升美国企业的国际竞争力。

2018年，美国专利商标局正式发布《2018—2022战略规划》提出了系列战略目标，旨在改善美国国内及国际的知识产权政策、执法和保护现状，提升美国的领导力。

第二，优化专利质量和审查及时性

创新是美国经济增长和国家竞争力的基础。美国专利商标局认识到，只有提高专利质量，特别是授权专利的可靠性，同时提升专利审查效率，才能及时向市场提供创新产品和服务，促进经济增长。美国专利商标局开展了许多创新的审查模式以提高服务质量。主要包括加快审查、Track1优先审查程序、专利审查高速公路(PPH)、同行评议试点项目、再审的集中审查、绿色科技试点项目、项目互换试点项目、特殊申请预警体系、基于年龄/健康的特殊加快审查程序等。2015 年,美国专利商标局提出“改善专利质量倡议”,包括诉讼服务、客户服务以及质量检测三部分内容。美国专利商标局还与欧洲专利局合作,开发“合作专利分类体系”,使美国创新者能够比以往更容易地在国外取得知识产权保护。2018 年,美国专利商标局正式发布《2018—2022 战略规划》中提出:“优化专利审查效率,提高专利的可靠性”,具体措施包括为专利申请的分类进行定义并提供相应的流程,并确保有足够数量和水平的审查人员来满足客户的需求;丰富和加强对审查人员的培训,并确保审查人员在审查过程中能获取最先进、全面的现有技术以供参考;完善专利质量标准,利用质量评估的数据来确定需要改进提升的领域,同时不断提升标准制定的透明度。

第三,加大对创新的投入力度

美国政府通过财政专项补贴、财政低息贷款、政府财政担保等为企业科技创新提供资金支持。同时,注重运用风险投资机制,充分动员社会闲置资金的力量,为创新型企业发展注入资金。美国政府高度重视对基础研究和试验发展研究的投入。根据《2009 年美国复苏与再投资法案》,有高达 7 870 亿美元的资金投入到基础设施投资、教育投入和新能源、生物医药投资等。通过政府主导的清洁能源革命、生物医药创新,推动相关领域的创新活动及发展,确保美国在上述领域处于世界领先地位。此外,政府还积极推动税收制度改革,从而激励创新。2017 财年联邦研发预算为 1 523 亿美元,比 2016 财年的 1 461 亿美元增加了 4.2%。其中,基础研究和应用研究预算共 728 亿美元,占 48%,较之 2016 财年增加了 39 亿美元,增幅 5.7%。预算案提出继续增加国家科学基金会、能源部科学办公室和商务部国家标准技术研究院三大基础研究资助机构的预算,三大机构的总预算为 146 亿美元,比 2016 财年的实际水平多出 9 亿美元。此外,开发研究预算为 767 亿美元,占总研发预算的 50%,增长 22 亿美元,增幅 3%;研发设施设备预算为 28 亿美元,约占总研发预算的 2%,较上年增长 2.2%;针对提高和扩大国民科学、技术、工程和数学学习的能力教育预算为 30 亿美元,与 2016 年基本持平。美国税法规定:无论企业、非营利机构或个人,如果捐款给下列 3 种研究机构,都属于公益性慈善捐款,可以获得相应的减税待遇。这 3 种机构分别是政府下属的基础研究机构、教育机构(其中包括研究型大学)、独立的“公益研究机构”。美国还采取加速折旧、投资抵免等多种优惠方式激励企业自主创新,或者对研究实验设备投资。美国政府

2015年新版《创新战略》强调联邦政府投资要为创新过程提供基本保障，加强美国创新生态系统的四大基础要素——基础研究、高质量的STEM（科学、技术、工程和数学）教育、21世纪先进的物质基础设施和下一代数字基础设施方面的投资力度。

第四，促进专利成果的转让

美国一向重视科技成果的产业化，政府制定颁布了一系列法律法规，以保障科研成果转化和技术开发等各项政策的有效实施，包括《国家竞争力技术转让法》《国家技术转让与促进法》《技术转移商业化法》《开启未来：迈向新的国家科学政策》《走向全球——美国创新的新政策》等。为了使科技成果转化适应市场经济规则，建立有序的市场竞争秩序，美国还制定了一系列关于知识产权保护的法案，如《反垄断法》《投资法》《工业产权法》和《资本市场规范法》等。这些法律法规的制定和实施，为美国的科技成果转化工作奠定了稳定的制度环境和牢固的政策基础。其中1980年由美国国会通过并颁布的《专利和商标法修正案》（即《拜杜法案》）修改了过去由政府资助的项目研究成果知识产权归政府的规定，只保留了政府可以优先使用该项成果的权利，成果的全部知识产权归项目完成单位所有。自1980年以来实施的效果看，这项规定的改变，不仅调动了大学、科研机构和大企业主动申报政府资助的研究项目的积极性，还大大促进了技术成果的市场化流动和技术交易与技术转移，加快了国家产业发展急需技术的研发进程。当前美国市场共有3种专利成果的转让方式：一是将研究者的专利成果一次性转让给企业，企业拥有该项成果全部的知识产权，研发者直接获益。目前，美国大学、科研机构研究成果约40%是以这种方式转让给企业的。二是研发者将专利成果以折价入股的方式与企业合作开发，实现成果的产业化、商业化。这种方式将研发者与企业紧密结合起来，成为该项成果的利益共同体，转化成功就是双方共赢，转化失败就是双方亏损，使双方对转化过程更加重视，对由成果转化开发的新产品更加关注，因此转化开发的成功率更高。同时，也激发了研发者与企业开展长期合作的积极性，促进了技术的发展与进步，也为在大学工作的研发者参加生产实际、了解企业最新的生产技术情况提供了机会。这是美国大学提倡鼓励的一种方式。三是研发者以自己的专利成果直接创建新企业，开发新产品，实现科技成果产业化、商业化的目标。美国大约有10%的专利成果是以这种方式实现转化的，且主要集中在生物、化工、药品和医疗器械制造等领域。

第五，大力推动中小企业创新发展

美国政府先后制定、完善了《小企业法》《小企业经济政策法》《小企业创新发展法》《小企业担保信贷法》等系列的法律体系，为中小企业创新提供保障和引导。为了支持中小企业创新，美国政府实施“小企业研发创新计划(SBIR)”，该计划规定各级政府要拿出不低于2.5%的研发预算投入到中小企业创新项目。该计划向全国所有的中小企业公布，允许符合条件的企业申请，项目批准后，中小企业将获得立项资助。为了使资金使用效率提高，资助分为三个阶段：首先进行可行性分析，此阶段最高可获1.5万美元资助；通过可行性分析后，进入第二阶段，进行产品创新和市场销售，最高可获100万美元资助，为期两年；如果产品市场反应良好，则进入第三阶段，全面销售，通过金融机构以更大的资金量对企业进行扶持。这项计划经过多年的发展，非常成熟。每年资助中小企业达到3 000多家，立项数目超过5 000件，资助金额超过25亿美元。每年数千个发明、专利投入市场，创造了新需求，成为市场新的热点。

政府为了鼓励研发机构向小企业转移技术，提高小企业参与联邦政府研发活动的能力，采取了多种措施。1980年的《拜杜法案》以大学、非营利机构和小企业为对象，允许大学、非营利机构和小企业对政府资助的研发成果拥有知识产权，并通过技术转移实现商业化。1980年的《史蒂文生-怀特技术创新法案》则以联邦实验室为对象，明确规定联邦实验室的成果向产业界转移。为了鼓励小企业参与联邦政府的研发活动，促进研究机构技术向小企业转移，1992年美国国会通过了《加强小企业研究与发展法》，其中规定：凡联邦部门研究与发展经费超过10亿美元的，需按0.15%划为研发基金，供小企业与非营利研究机构技术转让项目和技术创新合作使用(即STTR项目)。STTR是一个高度竞争性的计划，小企业必须与大学、非营利研究机构、教育机构等进行合作，项目由双方共同向美国国防部、能源部、卫生部、国家航空航天局、国家科学基金会5个机构提出申请。每年，STTR计划要求5个联邦部门和机构留出一定比例的R&D资金，资助小企业/非营利性研究机构合作研究。这些机构来设计R&D主题和接受提议。

美国政府对小企业创新进行多种优惠政策，以补贴、税收减免、财政低息贷款、担保等多种政策给予小企业最大程度的资金实惠。通过设立“中小企业创业基金”，符合条件的中小企业向该基金申请创新资金，资金直接用于中小企业技术创新。政府对符合项目规定的中小企业进行不同幅度的财政补贴。政府运用财政专项补贴政策、低息贷款政策、财政担保政策和税收扶持政策等工具,帮助中小企业解决资金困难。小企业管理局为小企业的普通商业用途的贷款向放款机构(通常是地方银行)担保,对15万美元以下的贷款可担保85%;对15万美元以上的贷款可担保75%;最高可对200万美元的贷款提供50%的担保。如果贷款逾期不还,小企业管理局保证支付其所担保的贷款额。贷款的期限根据其用途而定,最长可达25年。小企业管理局还为有特别需求的小企业提供贷款担保:一是周转资本贷款担保。为小企业提供短期贷款作为周转资金,贷款额最高可达200万美元,担保额达100万美元。二是出口流动资本贷款担保。为出口企业已达成的出口交易提供短期贷款,用于支付生产加工费用或购买货物或服务。担保最高可达贷款额的90%或100万美元。三是国际贸易贷款担保,为从事及准备从事国际贸易的小企业,或因进口的竞争而受到影响的小企业,提供贷款担保,用于流动资金或设备购置,担保金额最高可达125万美元。还有能源保护贷款担保和控制污染贷款担保等。此外,企业管理局向地区的中介放款机构担保,为小企业提供不超过35 000美元的贷款。中介机构在放贷的同时,还要向小额借款人提供管理及技术支持。美国政府还设立了小企业管理局(SBA),由该机构专门负责为小企业提供各种咨询和服务。该机构在全国各州有100多个分支,为全国的中小企业提供服务。其中对中小企业创新提供各种引导和支持是其工作的主要内容。建立了商业信息中心,为小企业免费提供最广泛的信息和资料服务。它们还利用私营企业中有经验的经理人员,通过自愿的或合同的方式向小企业提供各项咨询和建议。小企业管理局还通过商会、贸易协会、大专院校和成人教育小组等向小企业提供技术、营销及决策等管理知识方面的培训,开办讲座和研讨会,并配合发行各种书籍资料。此外,小企业局管理局还设有企业技术支持处,帮助进行高科技研究和发展的小企业,加强其在市场中的竞争力。

5.1.2 日本知识产权公共服务调整与经济社会发展的阶段性特征

(1) 战后到20世纪80年代,日本经济高速增长

1955年开始,日本经济进入高速增长时期,持续了18年时间,使得日本成为仅次于美国的世界第二大经济强国。知识产权方面,1975 年以前日本对知识产权采取弱保护,这集中体现在 1888 年出台的专利条例,例如限制专利保护范围、采用“先申请”而非“先发明”的专利审查原则、制定专利强制许可使用制度、规定专利授权前的信息披露义务等内容。这些措施为日本企业对欧美技术进行反向工程提供了制度保证。这也反映出早期日本是通过政府导向的市场经济模式实现经济高速增长。政府在知识产权方面的职能,并非激励发明创新,而是帮助本国企业顺利引进欧美先进技术、鼓励技术扩散。20 世纪 70 年代,伴随日本成功由技术模仿、改进向创新发展,日本发展战略转变为“技术立国”,即将日本的技术优势转化为市场优势。与此同时,日本与美国的贸易摩擦日益增多,美国要求日本加强知识产权保护。1975 年,日本知识产权制度开始转向重视知识产权规则,保护发明者权利,规避侵权行为。此后,日本专利保护对象不断增加,保护范围也不断扩大,知识产权制度逐步完善。日本知识产权制度的转变虽然基于美国的压力,却发生在日本企业技术实力大幅提升、掌握核心技术之后。因此知识产权保护的加强不仅没有阻碍日本经济发展,反而有力促进了日本国内知识产权创造活动。

(2) 80 年代后期日本经济低迷、寻求转型

20 世纪 80 年代后,亚洲各国凭借廉价的劳动力成本以及生产技术的不断提升,制造业水平迎头赶上,日本制造业的国际竞争力不断被削弱,日本经济陷入持续低迷。为了保持技术优势和产业竞争力,日本开始效仿美国,开始经济转型,由过去最适合于加工组装、大量生产的制造型体系向适合创造高附加值的无形资产体系转化。1996 年日本提出“亲专利”政策;2002 年 1 月,时任首相小泉纯一郎在施政方针演说中表明了设立知识产权战略会议的主张;7 月,正式颁布《日本知识产权战略大纲》,确立“知识产权立国”方略;11 月,通过《知识产权基本法》,知识产权从部门主管的事务上升至国家事务。日本知识产权公共服务也进入快速发展阶段。

第一,为知识产权公共服务的发展提供法律、政策支持

修订知识产权法律,强化知识产权保护措施。1993 年规定实用新型只审查形式要件和基础要求;1994 年废止了专利申请审查程序中的申请公告和专利异议申诉制度,实行专利授权后的异议申诉制度;1995 年和 1997 年分别纳入电子货币专利和计算机软件专利,扩大专利权保护范围;1998 年和 1999 年重新推定侵权损害赔偿金额，通过提高侵权赔偿金额，减轻侵权诉讼中被侵权方的负担；限制“专利强制许可使用”制度的判决执行，旨在保证技术转让方处于更有利的谈判地位等。2015 年 4 月 1 日，日本开始实施新的《商标法》，允许使用颜色、声音、动态、位置、全息影像等作为表现形式的新型商标。2015 年 7 月，日本国会通过《专利法》《反不正当竞争法》等法律修正案。《专利法》修正案修改了“职务发明制度”，既保证了发明人的经济收入，也保障了所属企业对特定专利的所有权，同时降低了专利维护的手续费等，减轻专利权人的经济压力。《反不正当竞争法》修正案大大提高了侵害商业秘密等行为的处罚力度，将个人罚款的最高限额提升到 2 000 万日元，企业罚款的最高限额提升到 5 亿日元。上述举措大大提高了知识产权的保护力度。

在知识产权政策方面，2013 年 6 月，日本推出《知识产权政策愿景》(以下简称《愿景》)，指明今后日本十年的知识产权战略及其相关具体政策的方向。《愿景》中确定了四大支柱：为强化产业竞争力，构建全球知识产权体系；加强支援中小型企业的知识产权管理；完善应对数码网络环境变化的措施；增强以内容为主的软实力。为了落实知识产权战略大纲中的各项目标，日本每年发布详细的“知识产权推进计划”，相关政策得以不断调整。2010 年起，附属于日本首相官邸的“知识产权战略本部”每年定期发布“知识产权推进计划”报告。2017 年 5 月，日本知识产权战略总部发布《知识产权推进计划 2017》(以下简称《计划》)，旨在应对社会 5.0 对知识产权的迫切需求，推进日本知识产权战略的实施。《计划》提出促进数据利用和活用等知识产权制度的构建，具体包括：加强数据利用；健全数据流通的基础；确保公平的竞争秩序；增加关于数据构造类知识产权审查事例的公告；开展关于促进有限权利利用的讨论；整理基于数据利用的竞争保护等观点；构建促进人工智能制作和利用的知识产权制度，具体包括：完善促进学习用数据的制作环境；促进完成学习模块的恰当保护及其利用；开展知识产权制度中关于人工智能生成物的探讨；构筑适应社会 5.0 基础的著作权系统，具体包括：促进创新的权利限制规定等的探讨；充实著作权权属不明时的裁定制度；完善和构筑顺畅的著作权许可申请体制；整合有助于网络媒体信息的持续性再生产的环境；推进教育信息化。针对当前物联网技术的发展，一种产品可能会涉及大量专利，并且专利间的关系也变得越来越复杂。此外，随着开放创新和产学研合作的联合研究活动日益增多，通过专利权人以外的人披露，发明缺乏新颖性的风险越来越大，而新颖性是专利性的基本要求。针对这些情况,日本特许厅于 2017 年 12 月提交了“回应第四次工业革命的知识产权制度回顾”报告草案,涉及加强证据采集的程序,延长缺乏新颖性例外期限,降低中小企业等的 50%专利费等。2018 年 2 月 27 日,日本内阁通过了包括这些问题的法案,并提交给第 196 届国会常会。

第二,加强知识产权信息化建设

2002 年 7 月,日本制定《知识产权战略大纲》,对专利信息的建设和服务进行了明确的规定,推动了专利信息的有效传播和利用。2003 年日本成立工业产权信息利用推进委员会,提出作为实现知识产权立国的重要要素,国家职能在于提供原始的第一手正确信息,提供普通公众通常可能利用检索的服务;民间通过对国家提供的第一手正确信息进行加工,提供具有较高附加值的信息,满足国民多样需求。2004 年,日本经济产业省颁布《知识财产情报公开指南》,帮助企业更好地管理和使用知识产权。此外,日本强调国家和民间应加强合作,共同致力于知识产权信息利用。日本重视知识产权信息平台的建设,利用日本特许厅的知识产权数字化图书馆(IPDL)进行知识产权信息的传播。IPDL 追加可以检索在相关外国申请及审查中使用过的以往技术信息的功能,同时可以对专利公报等 PDF 文件实现一揽子下载。2005 年 IPDL 实现通过互联网发行注册实用新案公报的目标。日本特许厅下属的工业所有权情报研修馆为企业提供专利流通咨询、专利流通数据库、专利信息运用支持咨询、专利信息培训等方面服务。近年来,日本推出系列举措加强信息化建设。2013 年 6 月,日本通过《日本再振兴战略》,提出了“运营和系统的优化计划”,目的是在 2013—2022 年间优化所有信息系统架构,包括如下措施:对专利接收系统进行备份;建立检索系统,获取中文和韩文的发明和实用新型的专利文献;推行新的外观设计、商标系统;数据整合;加强 PCT 专利申请的电子处理;实现部分业务的实时处理。2015 年,日本特许厅建立“日本专利信息平台(J-PlatPat)”,包括发明、实用新型、外观设计、商标的审查文档信息参考和法律状态等等,该系统具有强大的检索功能和友好的用户界面,还提供中文、韩文的翻译和检索系统。日本特许厅通过构建日本工业产权信息和培训中心及其地方阅览室、公共专利信息查询服务平台、日本专利信息平台以及各地方知识产权中心等平台构成的专利信息服务体系,提供全方位、多层次的信息服务平台。日本特许厅不仅有政府主导的公益性专利信息传播利用工作体系,还推广了市场条件下的商业化专利信息传播利用工作体系。公益性服务机构重在提供文献阅览、文献提供、专利培训等基础性专利信息服务，商业化服务机构主要提供情报分析、专利翻译、专利评估、数据处理等深度和增值性专利信息服务，二者相辅相成，构成了高效运转的专利传播利用工作体系。

第三，促进研发成果转化

政府努力在专利和市场之间建立成果转移渠道。政府大力发展具有法律性、权威性、公益性、多样性、有效性的推进专利成果快速转化的市场服务机构，快速推动专利成果的转移。成立于 1985 年的 Technomart 是日本最著名的国家级技术交易市场平台，2002 年 4 月重整后归入日本立地中心(JILC)。Technomart 的技术转移活动强调地域性的推动，并且着重在商谈与展览活动、技术信息网站以及技术交易服务人员实时联络等三大部分。加强对大学、科研院所成果向产业界转移的重视和支持。为了刺激日本企业与大学之间的合作，日本教育部特别制定了四种合作方式：合作式研究、契约式研究、大学技术转移、利用大学研究成果进行企业创新。此外还有委托研究员制度、捐赠、共同研究中心、设置公益法人等方式。

在促进科技成果转化方面，日本强调政府金融协助。政府一方面通过降低和补贴专利保护成本的方式鼓励公共研究机构的专利活动。例如免除技术许可办公室的专利申请费、年费和年审费，并为其提供上限为 30 万美元的基金，用于推动技术从大学向私营企业的转让。政府财政支持建立专利成果认定和成果转让机构，为自主专利成果实施奠定重要的基础。另一方面，建立高效的知识产权融资体系。知识产权质押贷款这一金融创新业务最早产生于日本，日本自 1995 年便开始实行专利质押贷款业务，旨在促进新技术的发展，提高本国创新能力，将专利有效商业化，创造经济效益。日本开发银行是承担日本国家政策义务的金融机构，为了培育和创造风险创业企业，它制定了《新规事业育成融资制度》，从而对缺乏传统担保的日本风险企业提供长期资本的供给。日本开发银行授信门槛较为宽松，授信企业主要为一些处于新技术开发阶段或拥有先进技术的中小型企业。质押贷款额度较高，一般占专利项目评估价值的 50%以上，充分考虑了专利实施高投入特点，为资金短缺的高技术企业提供资金支持。此外，日本政府税收优惠、政府采购等政策，推动专利实施。例如政府优先采购本国有自主研发的产品，甚至以高于市场价进行采购以扶持本国企业。

日本还十分注重加强产学研合作。1998 年，日本政府制定并颁布了旨在促进大学和国立科研机构的科技成果向民间企业转让的《关于促进大学等的技术研究成果向民间事业者转让的法律》(简称《大学技术转让促进法》)。《大学技术转让促进法》的核心内容是推进将大学的科技成果向企业转让的中介机构的设立,确立政府从轨制与资金方面对大学科技成果转让机构(Technology Licensing Organization,简称 TLO)予以支持。

第四,指导中小企业知识产权创造

日本政府采取主动干预中小企业政策,早在 1948 年就在通产省设立中小企业厅,作为管理中小企业的最高机构,指导和扶植中小企业的技术创新,并在中小企业厅内成立技术科,具体负责中小企业的技术指导、技术开发、技术人员的进修等工作。日本建立了完备的科技型中小企业法律支持体系,由宪法、科学技术基本法、技术创新服务单行法、行政法规、部门规章、地方法规和地方规章组成,包括《小企业基本法》《禁止垄断法》《中小企业振兴资金助成法》《中小企业现代化促进法》《加强中小企业技术创新减税法》等十几项法律,旨在改变中小企业在经营活动中的劣势,支持其技术创新。政府注重对中小企业进行技术开发指导,为帮助中小企业进行产品开发研究,日本政府建立了技术顾问制度,在全国各地设立了 200 多个公立试验机构,聘用技术上有丰富经验的专家、工程技术人员担任顾问,就提高中小企业产品的技术水平进行可行性研究和试验,并到现场具体指导,在都道府县建立中小企业技术人员研修制度,为中小企业培养技术人才。1998 年出台“小企业创新研究制度”(SBIR),注重发挥小企业技术创新功能,并不是把小企业放置于政府的保护伞之下,而是扶持中小企业在创新之路上逐步发展。从 1995 年开始,日本开发银行对年销售收入在 20 亿日元到 30 亿日元、从业人员为 100 人左右的小企业和技术型企业提供知识产权质押贷款。2011 年 4 月,日本特许厅在各都道府县设立 47 个“知识财产综合支援窗口”,旨在通过各方面知识财产专家和相关机构在现场“一站式”协助解决中小企业在创业和企业经营各阶段的知识财产问题,其目的是为中小企业提供知识产权相关问题的免费咨询。该服务已经实现:邀请专利代理人、律师等专家提供服务;通过与相关机构合作,为企业提供从创意到海外实施商业模式全过程的解决方案。该“窗口”的另一职责是,发现未有效利用知识财产的中小企业,促进更多的中小企业对知识财产的利用。对于中小企业和风险企业,从其知识创造到权利应用的各个阶段,日本特许厅均予以多方支持。2014

年6月,日本特许厅实施了基于第三方专家评估的措施,旨在加强中小企业与金融机构的联系。特许厅还制订了“知识产权商务评估报告”和“知识产权管理报告”,为实务中的具体应用提供指导。为了促进中小企业积极灵活地运用知识产权,日本《知识产权推进计划2015》以及《推进计划2016》,将中小企业分成“知识产权运用挑战型”和“知识产权运用发展型”两类来实现知识产权的强化。对于“知识产权运用挑战型”的中小企业,应持续完善能够促进其获得知识产权的环境,并向其提供灵活运用知识产权、拓展国内外事业、应对侵害等的援助;对于“知识产权活用发展型”的中小企业,更应该强化知识产权意识的普及启发。为了推动企业知识产权的灵活运用,还应促进地区金融机构、支援机构与企业的深度交流与广泛合作。《推进计划2017》针对加强地方中小企业知识产权的灵活运用,提出系列措施,具体包括:加强知识产权的获取、知识产权灵活运用的援助;推广对知识产权利用发展型中小企业的宣传普及活动;加强对知识产权运用挑战型中小企业的国内援助以及海外援助;推进地方知识产权战略。

5.1.3 德国知识产权公共服务调整与经济社会发展的阶段性特征

“二战”后,凭借雄厚的科技基础和高素质的人力资本,德国克服了两德分裂带来的产业和地区性结构断裂,在很短的时间内恢复了国民经济的运行和发展,达到并超过了战前水平,其中一个重要的原因就是德国卓有成效的知识产权战略。知识产权在其中发挥了重要作用。德国知识产权公共服务主要体现在以下方面。

(1) 为本国经济社会发展提供有效的法律、政策支持

德国经济在“二战”后迅速崛起的一个重要原因是德国企业有效运用知识产权制度,不断提升和保持其强大的市场竞争能力。德国十分注重根据本国经济社会发展现状和企业的现实需求制定和调整知识产权法律。例如,考虑到德国制药工业世界一流,选择实施了对药品的专利保护期限在20年基础上延长5年的规定;而考虑到本国软件业和商业方法上与美国的差距,德国至今对计算机程序和商业方法不给予专利保护。德国专利法还规定了发明专利实质审查请求提出期限为7年,由于该期限长于欧洲专利公约的规定,因而有利于德国企业根据申请专利的产业化进程和前景,确定最佳的专利申请和市场保护策略。上述原则同样体现在职务发明的相关规定上。为了促进创新和经济发展,德国的《雇员发明法》规定:"当企业雇员作出发明创造后(无论职务发明还是非职务发明),有向雇主申报的义务,雇主可以对职务发明提出无限制的权利主张或者有限制的权利主张。在雇主主张关于该发明创造的权利时,需要给予雇员合理的报酬,报酬计算方法则由德国劳动部制定了详尽的指导规则。雇主有在德国为发明申请保护的义务"。上述规定使得雇主要认真考虑该职务发明创造是否具有较好的应用前景,有利于促进职务发明人与雇主双方积极行使权利,调和双方的利益,形成雇主与职务发明人的互动,加快了社会的技术进步。为了激励企业创新型人才的创新精神,德国政府规定,发明人在其发明由企业转化后,给予奖励,该奖励只收较低的税(仅 6%)。此外,德国先后制定了《工商企业研究开发人员增长促进计划》《企业技术创新风险分担计划》《中小企业研究合作促进计划》等,为自主创新营造了良好的制度环境。

(2) 重视创新资金投入

德国研发投入强度一直处于世界前列。这其中,由政府直接投入的占 1/3,主要是对大学、科研机构和国家实验室,以及企业重大共性技术、前沿技术的发展予以支持。2018 年德国科研投入 1 165.6 亿美元,位居世界第 4 位。研发投入占国内生产总值 2.84%,接近联邦政府提出的 3%的目标,德国由此在欧洲跻身顶尖创新国家行列。根据德国联邦政府 2019 财年预算草案和 2018—2022 年中期财政规划,未来四年,联邦政府还将在高等教育和科研领域投入 950 亿欧元,与 2017 年中期财政规划相比,调整增加了 40 亿欧元。其中 2019 年计划投入 237 亿欧元,这对企业的研发投入决策起到了很好的引导作用。

(3) 促进知识产权成果产业化

德国高校在国家科研与创新体系中的地位举足轻重,科技园模式则是德国高校实现高科技成果转化、孵化高科技企业的重要园地。80%的德国企业已经把高校科研成果市场化看成企业创新的一条捷径。德国许多大型企业都在高校开办研究机构,充分利用高校的科技优势为企业生产服务。例如德国亚琛理工大学就与企业建立长期合作关系,着重于机床这一具有广泛应用价值的技术和工艺研究。德国还设立了各种形式的产业技术创新联盟,比如国家高技术战略"创新联盟",主要是支持企业、大学和科研机构建立战略联盟,共同开发对未来国家经济社会产生重大影响的关键技术,实现国家战略;"创新网络计划"旨在促进中小企业和科研机构联盟，提高中小企业竞争力；“精英团体计划”则是支持最具市场发展潜力的领域和地区组成联盟，发展尖端技术。

建立财政支持体系，既突出重点又注重整体效率，培育专利实施重点企业。德国国内的科研能力 60%以上集中于企业，技术能力集中度相当高，科技研究和发展能力 30%以上集中在西门子、拜耳等几家大公司，大企业间的合作增多也在一定程度上推动了技术转移市场的发展。德国非常注重培育专利实施龙头企业，设立“重点企业专利实施专项资金”，支持行业中的龙头企业将专利成果成功应用于经济生活领域，实现专利成果商品化、市场化、规模化应用，推动产业优化升级，创造新型行业领域。同时，德国对专利实施的财政直接投入依照市场机制运作，建立了竞争性的资助机制，通过竞争性方式来资助具体项目，支持最优的专利成果实施和产业化。例如，西门子集团最新电气产品专利成果在德国同行业中领先，得到政府的专项资助而迅速产业化，在全球市场中占据领先地位。

经过近 20 年的发展，德国形成了结构合理、服务水平较高的技术转移体系。其中，既有非营利性的德国技术转移中心作为全国性公共服务平台和完全市场化运作的史太白技术转移中心，又有半官方半市场形式的弗朗霍夫协会，彼此在定位和服务侧重点上是有明显的层次和分工。德国技术转移中心是国家级的公共技术转移信息平台，提供最基本的技术供需、专利等的信息查询和简单的咨询服务；史太白技术转移中心是完全市场化运作的，并已在国内和国际上建立庞大的分支系统，其服务内容除了有深层次的技术咨询、研究开发、人力培训、国际性技术转移外，还涉及企业管理运营方面的服务；弗朗霍夫协会则是凭借自身的物质基础(实验室、仪器设备等)和高校的人力形成属于自己的研究所，直接为德国各中小企业提供技术创新和研发的服务。

(4) 促进中小企业创新

德国在经济部下设立了中小企业局，其主要任务是负责研究小企业政策、制定扶持和资助小企业发展计划、负责对小企业管理人员进行培训、管理小企业产品质量标准、促进地区经济合作和科研开发等。针对中小企业资金瓶颈，德国运用政策性金融手段，专门制定了《卡特尔法》，设立联邦卡特尔局，通过政策性金融机构——德国复兴信贷银行采取贷款扶持、出口信贷等大力支持中小企业创新发展。德国复兴信贷银行可直接向拥有创新产品和服务的中小企业提供一定额度的资金支持,也可向中小企业贷款银行提供2%～3%的利息补贴,还可作为风险投资直接进入小企业,以吸引其他社会投资,或者扶持风险投资公司以信贷担保方式支持新技术小企业发展。

德国还积极鼓励发明人开办企业。例如德国凯撒欧洲研究中心建立新技术孵化器制度,鼓励发明人开办公司,促进知识产权成果产业化。该中心为发明人提供公司法律事务服务,负责组织专利入股谈判、专利评估作价,联络风险投资,提供公司管理人员和经理人员,甚至为新公司提供实验室、设备出租服务。政府则在税收方面,给予中心极大的优惠,其利润不用交税,得到企业的赞助也不用交税。

5.1.4 英国知识产权公共服务调整与经济社会发展的阶段性特征

近代英国是知识产权制度的最早制定者,在其不同发展阶段,都曾得益于强大的知识产权体系,确保了其科技创新、文艺繁荣。2010年,时任首相卡梅伦委托英国威尔士卡迪夫大学数字经济学教授伊恩·哈格里夫斯开展独立调查:英国当前的知识产权制度是否阻碍创新和经济发展。2011年5月哈格里夫斯发布《数字化机遇—知识产权和经济增长报告》(《哈格里夫斯报告》),这也是第一份对知识产权改革如何促进经济增长进行考量的报告。报告以客观数据为研究基础,提出了10条知识产权制度改革意见,意在对英国知识产权法律制度进行改革以顺应科技及社会发展,促进本国创新及经济增长。基于该报告制定的系列战略目标,英国政府迅速公布了一揽子知识产权立法改革计划,随后又公布了《英国知识产权国际战略》《预防与对策:英国2011年应对知识产权犯罪战略》两个附随文本。2014年英国知识产权法律进行了重大的修订,具体包括:2014年6月,《新知识产权法案》批准实施,该法案内容涉及多方面的革新,包括对外观设计和专利的相关规定进行了修改,涉及《注册外观设计法》(1949)、《专利法》(1977)及《著作权、外观设计和专利法案》(1988);2014年6月1日,修改版权法相关规则,对包括私人复制例外、教育使用例外、文本和数据挖掘例外及公共管理例外等在内的著作权例外规则进行了全面修订。为了适应上述立法变化,更好提升英国知识产权环境,2015年3月25日,英国公布《知识产权局五年战略(2015—2020)》(以下简称《五年战略》)并征求意见,同时发布《知识产权局2015—2018年行动计划》(以下简称《行动计划》),对未来的工作以及2015—2016年的优先任务进行了全面部署。伴随知识产权环境的不断完善,知识产权公共服务也进入快速发展阶段,主要呈现出以下特点。

(1) 政府层面和公共层面上的服务职能主要与相关机构的其他职能融合

英国的知识产权服务和知识产权相关的服务机构从整体上可以分成三个层面:政府层面、公共层面和私营公司。政府层面和公共层面上的服务职能主要与相关机构的其他职能融合在一起,而私营机构则往往与咨询、工程、商务等融合在一起,且大部分都具有商务模式。例如英国的小企业服务局就属于政府层面的知识产权服务及其相关服务中介机构。英国的一些公共机构,如英国学会、皇家工程院、研究理事会等都具有技术咨询的职能,在国家的科技政策和重大工程项目咨询中起了关键作用。各大学的技术成果转化中心、科技园、全国性的专业协会等,也属于典型的公共层面上的中介机构,在提高国家整体技术成果转化能力方面起了重要的服务功能。

(2) 提供高质量的知识产权授权服务

2015年3月,英国公布《知识产权局五年战略(2015—2020)》提出下列预期目标:用户能够在任何时候、以他们希望的方式获得所有的服务和信息;用户了解他们需要什么样的权利,以及最有效的获得授权的方式;对于企业而言,更为简易、联系更为紧密的国内、国际专利申请渠道,实现世界范围内不同区域、不同政府服务整合、互为补充;新的程序和技术手段的运用,帮助民众能够更为简易地获取更高质量的用户服务。为了实现上述预期目标,英国知识产权局继续推进知识产权局数字化工程(TRIPOD),实现知识产权服务向"默认数字化"转变。数字化转变不仅仅包括为用户提供的服务,也包括内部办公程序和体系。该系统建立后,将带来一系列的商业和技术上的变化,帮助知识产权局提供更好服务,满足当前用户和21世纪新的用户需要。为专利申请提供快速处理服务,具体包括:申请人在提出专利申请时请求检索、审查同时进行,知识产权局在提供检索报告时一并提供审查报告;针对要求2个月内完成检索、公开、审查,发布审查报告的专利快速审查申请,完成率不低于90%。为了实现上述目标,英国知识产权局一方面着手聘请更多审查人员,提高审查能力;另一方面最大化地开发现有审查能力,提升效率。

(3) 重视产学研相结合

英国最著名的技术转移机构是英国技术集团(BTG),专门从事政府技术转移,从20世纪80年代逐步实行民营化,开始从事民间技术转移服务。BTG职员多半以上是科学家、工程师、知识产权代理人、律师和会计师。

英国大学知识产权经营的代表是剑桥大学、牛津大学和帝国理工学院。多数美国大学在校内设立技术转移办公室(OTL),英国大学则强调自己是非营利机构,通常在校外设立学校全资拥有的技术转移公司及知识产权经营机构。如,剑桥大学设立了"剑桥大学技术服务公司",牛津大学成立了"Isis创新公司",帝国理工学院则设立了"帝国理工学院创新公司"。

(4) 重视知识产权教育培训

英国政府认为,通过系统的教育培训,能让企业理解管理和保护其知识产权的重要性。《知识产权局五年战略(2015—2020)》提出下列预期目标:企业了解如何通过有效的管理知识产权支持其发展,并且付出实践;企业能够获得更好的管理其知识产权必要的支持和帮助;企业能够招聘到知识产权专业人才。英国知识产权局设计"裂变思想(cracking idea)"的网站,将它变为在线知识产权教育资源中心,集中所有类型知识产权的教育资源,实现新网站的流量7.5%的增长。新的中心将主要针对老师和导师,为其提供适合不同群体,包括从学校的儿童到大学生的知识产权教育资源,让他们更容易地在其教室、课堂介绍知识产权。扩大知识产权精英班(IP Master Class)规模,帮助专业的商业顾问详细理解知识产权基础知识、知识产权与商业、文化、经济的关系以及在商业环境中的知识产权运营技能;发展和管理商业顾问的专业社群网络平台,借助商业顾问的帮助,客户更积极主动地管理知识产权。

5.1.5 从经济社会发展的阶段性特征理解知识产权公共服务的演变

(1) 各国经济社会发展的不同历史阶段,都具有自身的独特性

20世纪70年代的美国,强化反垄断政策,实施知识产权"弱保护"政策,遏制了技术创新。政府运用财政和金融手段,直接对经济进行干预,并对企业经济活动采取严格管制,进一步束缚了经济的活力。20世纪80年代至90年代的美国,实施放松规制和加强市场竞争为主要内容的经济自由化改革。反垄断松绑,强化知识产权保护的思想在美国社会被广泛接受并得到很好的践行。步入21世纪后的美国,经济从过去维系在金融信贷之上的高消费模式,转向出口推动和制造业推动的成长模式,以创新经济为主导的新兴经济形态逐步形成。知识产权保护和运用居于重要地位。

"二战"后到20世纪70年代的日本,经济实现高增长。有选择地对外开放,国际贸易和投资进行严格管制。在知识产权方面,强调要鼓励技术引进和技术扩散,采取"弱保护"战略。20世纪70年代至80年代的日本,"贸易立国"向"技术立国"转变,企业成为创新主体,开始转向重视知识产权规则。80年代后期的日本,经济陷入低迷,开始经济转型,"知识产权立国"战略实施。

"二战"后的德国,经济快速发展,企业成为创新主体,高校在创新体系中地位重要,产、学、研格局稳定,并逐步形成一套较为成熟的"企业主体、国家支持、员工努力"的知识产权战略管理和法律保护体系。政府和其他公共组织则注重为企业提供公共服务。具体表现为:在知识产权立法、司法和行政等方面予以强有力支持,知识产权法律体系完备、知识产权诉讼案处理相对高效、在科技创新方面投资巨大。

上述国家,虽然发展历程、崛起时间存在差异,但都与知识产权息息相关。在全球化加快的今天,知识产权成为世界各国实现经济稳定发展、保持全球领先地位的关键动力。美国正建立以创新经济为主导的新兴经济形态,创新和知识产权已经成为美国经济增长新源泉。日本确立了"知识产权立国"发展战略。我国目前正处于从"中国制造"向"中国创造"转型的关键时期。高度依赖劳动力、资源和投资驱动传统经济发展模式已很难为继,面对日趋激烈的国际竞争,我国面临寻找新的经济增长点的关键时刻。总结世界大国崛起经验,依靠知识产权保护激励创新活动,从而引领经济增长转变为主要依靠自主创新能力和科技进步上来,是这一时期推动经济社会又好又快发展的根本任务。增强知识产权对经济、产业发展的引领作用,最大化地提高其经济贡献,是我国建设知识产权强国的唯一标准和路径。

与此同时,各国所处的不同发展阶段,决定了其知识产权公共服务侧重点不同。上述知识产权强国在知识产权公共服务方面的突出特点和成功之处在于具有极强的针对性,政策、措施细化并切实落实。我国当前的经济社会特征与上述国家的发展阶段都存在不同之处。我国只能在参考知识产权强国经验和教训基础上,根据我国所处的特殊发展阶段和发展环境,结合经济社会以及企业发展的需求,制定实施具有中国特色的知识产权公共服务体系。

(2) 知识产权公共服务体系建立,必须从法律上予以保障

美国、德国等知识产权强国的知识产权公共服务体系具有一个明显特征,就是在法律的规范下进行。以美国技术转移相关公共服务为例,政府共颁布了涉及知识产权权属、技术转移运作、促进小企业技术创新、加强合作研究以及保护国家安全利益的多部法律,从而构建起完整的技术转移体系。除了制定完备的法律、法规体系之外,还要确保相关规定的可行性、针对性和可操作性。此外,要保证法律法规的与时俱进,不断补充和修订已有的法律法规,从而保障法律的时效性。因此,无论是我国技术转移体系的构建,还是整个知识产权公共服务体系的构建,必须建立起完整的法律保障体系,并依靠不断修订完善法律法规,大力推动企业科技创新,实现创新成果的转化、运用及其保护,把知识产权强国战略落到实处。

(3) 知识产权公共服务坚持市场导向原则,以企业为主体

美国、日本等国都经历了由政府严格干预到放松规制、自由竞争的转变。近年来,世界上主要知识产权强国在建立知识产权公共服务体系时,都坚持市场导向,充分发挥市场对社会资源配置的决定作用。知识经济时代,面对高新技术产业领域激烈竞争,传统的政府导向性模式不仅不能达到预期的调控目的,反而会延误产业结构调整时机,增加经济发展的负累。面对新经济和高新技术产业发展中的挑战,政府保护下的传统企业无法应对,只有在充满优胜劣汰的市场竞争中生存下来的、具有独立性和高度竞争性的企业才能表现出高度适应性。因此,我国的知识产权公共服务体系建设,必须以企业为主体,重点考虑企业的市场需求,谋求对企业知识产权保护、运用的高效化、便利化和最大化,构建起企业主体、国家支持的支撑体系。要坚持市场导向原则,更多发挥市场机制作用,政府担负起指导实施的主导作用,根据本国的经济社会发展需求和企业特点制定和调整相关法律,为市场经济提供运行的秩序,保证经济活动的健康有序发展。

(4) 知识产权公共服务注重中小企业的利益维护

中小企业是市场经济中最为活跃的部分,也是一个国家经济发展的核心主力。知识产权强国都认识到中小企业的重要地位,并从知识产权公共服务着手,加大对中小企业的扶持力度,充分挖掘其在经济振兴中的潜力。美国一直将中小企业视为创造就业的引擎,前总统里根曾把小企业比喻为美国经济的心脏与灵魂。在欧盟,中小企业已成为欧洲经济的"真正脊柱",在创新和研发领域发挥着关键作用。美、日等知识产权强国都针对中小企业发展需要,提供知识产权公共服务,但侧重点各有不同。截至 2015 年底,我国约有 4 000 万中小企业,占企业总数的 99%,创造的最终产品和服务价值相当于 GDP 总量的 60%,纳税占国家税收总额的 50%,完成了国家 65%的发明专利和 80%以上的新产品开发。促进中小企业发展,既是保持我国经济活力的重要保证,也是解决当前就业问题、增加人民群众收入的一条主要途径。此外,大量技术创新型中小企业的蓬勃发展也是我国经济转型升级的迫切需要。因此必须了解我国中小企业在技术创新和知识产权运用、保护方面的需求,提供针对性的知识产权公共服务,为中小企业发展服务。

5.2 主要知识产权强国公共服务最新举措与实践

公共服务体系建设是世界各国面临的共性课题,它能有效发挥政府作用、加强公共服务职能,切实为公众提供所需的服务。由于知识产权密集型产业对经济发展的贡献日益明显,各国知识产权主管机构将公共服务聚焦于如何发挥知识产权的经济价值和效用。鉴于 2010 年知识产权强国综合指数排名前十的国家分别是美国、日本、德国、法国、瑞士、瑞典、英国、芬兰、韩国和荷兰。因此本书将重点考察 2010 年以来,世界上主要知识产权强国以及世界知识产权组织在知识产权公共服务的最新举措,分析其中存在的一些共性特点,对我国知识产权公共服务业发展有所启发。

5.2.1 提升社会公众知识产权意识

知识产权强国都十分注重对普通公众进行知识产权宣传和培训,普及知识产权知识。美国十分注重对下一代的知识产权教育。美国专利商标局与全国发明家名人堂联合举办"发明夏令营",以少年儿童对事物的原理所固有的直觉和好奇心为基点,着重创造过程,引导其去解决问题,作出发现与发明。少年儿童还将模拟申请专利的过程。这种学习发明的经历发人深思，使年轻人受教育，懂得应该像尊重他们自己的有形财产一样尊重他人知识产权的重要性，同时了解专利与商标制度是如何支撑美国经济发展的。在日本，根据不同的对象实施有针对性的知识产权教育，如对幼儿进行创新和知识产权意识启迪教育，对中小学生进行普及知识产权知识教育，对大学生和研究生进行知识产权实用人才培养，对实业界和科研机构有关人员进行实用技能培训等。日本特许厅由政府出巨资，发挥知识产权研究会、发明协会等社团和民间组织的作用，编辑出版了系列针对不同对象的知识产权教材和辅导读物，并免费发放给幼儿园、中小学、大学以及研究机构，对启迪创新意识，普及知识产权知识和培养专门人才发挥了基础性的作用。我国与一些发达国家相比还存在较大的差距，尤其是有针对性地启迪少年儿童创新意识，普及知识产权知识方面做得还很不够。

整体而言，美国、德国等老牌发达国家知识产权事业起步较早，知识产权意识已深入人心，因此在知识产权宣传教育方面的投入，不如韩国、日本、新加坡等国家。

5.2.2 拓展知识产权公共服务范围

过去知识产权公共服务主要围绕专利、商标、版权等的确权和管理，服务内容集中在代理、知识产权信息检索、法律咨询等。近年来，在各国知识产权公共服务实践中，政府服务职能已经大大拓展。开始涉足知识产权战略制定、质押评估、预警分析等项目。例如针对中小企业知识产权融资难题，各国都提供包括财政补贴、税收优惠、贷款优惠等系列援助等。

此外，各国知识产权公共服务的对象也不再限定在本国各类市场主体，逐步拓展到为外国政府、企业等提供知识产权相关服务。一是知识产权国际培训。美国在每一财政年度，都会拨款资助全球知识产权培训和执法能力建设项目，旨在世界各地促进知识产权保护。澳大利亚知识产权局面向东南亚和非洲的专利审查员，启动了区域专利审查培训项目(RPET)。该项目以该国专利制度为标准，通过远程教育手段向培训对象提供专利审查培训。近年来，我国知识产权局也积极开展对外培训和人才培养。自 2002 年开始，国家知识产权局利用亚洲基金、东盟基金和面向发展中国家人才培养基金以及双、多边合作渠道，为来自发展中国家或组织的人员开展知识产权培训，培训内容涵盖专利、商标、版权等多个方面。举办审查员国际合作培训班，为增进双方的了解信任、互鉴经验搭建了好的沟通交流平台。二是为外国各类市场主体提供维权信息。2014 年 11 月，英国知识产权局公布了一份特别为在欧投资的中国企业量身定制的《英国知识产权商业指南》，着重阐述如何在英国注册并保护知识产权。这份商业指南涵盖了英国和欧盟有关专利、外观设计、商标和版权保护体系的相关信息。针对创新型中国企业的核心信息主要包括如何保护中国企业在英国的权利、如何向有经验的律师或其他服务商寻求建议、怎样选择最适合的申请策略、英国知识产权执法渠道等。旨在帮助中国公司在英国获得知识产权保护，并从不断扩大的中英贸易和投资活动中受益。指南颁布的背景是目前中英日益密切的贸易和投资关系。英国已成为中国在欧盟内的第三大贸易伙伴，第二大实际投资来源地和中国海外投资主要目的国。近期英国宣布脱欧并开展公投，这进一步增大了英国和中国洽谈签署自由贸易协议的可能性，中国已成为英国重点贸易伙伴。早在 2011 年 12 月，英国知识产权局在英国驻华使馆委派了一名知识产权专员，这名专员对于提升中英两国的贸易和投资伙伴关系以及为那些以知识产权和创新为驱动的企业提供了重要帮助。三是为其他国家提供专利审查服务。2014 年，韩国和阿联酋签署了知识产权合作谅解备忘录，韩国知识产权局将为阿联酋提供专利审查服务。根据双方协议，韩国将派遣工作人员到阿联酋审查向阿联酋经济部提交的专利申请，同时在韩国对阿联酋专利申请进行远程审查。

知识产权公共服务范围的拓展，一方面反映了各国政府向服务型政府职能转变，另一方面也是充分发挥知识产权经济利益的必然选择。只有作为私有财产的知识产权的潜力和效用被充分发挥，知识产权的价值才能真正促进经济和社会发展，否则，知识产权强国的目标难以实现。

5.2.3 发展知识产权信息资源

美国、欧洲、日本等发达国家和地区的公益性专利信息服务平台建设相对比较成熟和完善。各国都开放知识产权基础信息公共服务资源，创造市场主体公平竞争的环境,培育市场化信息服务机构,更好地为公众提供信息查询和检索服务。

美国政府数据网站免费发布1976年到现在的专利授权文献全文,用户可以查询美国专利申请公开、专利授权公告、专利申请的法律状态和流程、专利权转让和变更等各种政务信息。美国专利商标局在全美50个州89个专利和商标存储图书馆(PTGL)建立了专用的检索工作站,面向公众提供专利信息服务以及各种形式的专利信息检索和利用辅导培训服务。成员机构每年只需向美国专利商标局象征性地交纳50美元的年费,就可以获得全部的知识产权信息产品、检索系统和人员培训等服务。美国专利商标局官方网站上的"数据可视化中心"(Data),公开重要的专利指标,提高专利信息的透明度。在信息技术快速发展、公众对信息需求日益增强、建设开放式政府的倡议席卷全球的新形势下,各个知识产权组织开始思考专利信息公开的趋势。

欧洲专利局(EPO)先后建立了专利信息检索平台 Espacenet、专利申请和法律事务查询系统 Epoline、欧洲专利信息公开和下载系统 Publication Server 等,向公众提供世界80多个国家和地区专利信息的免费检索与服务。以欧洲专利局为主导、欧盟各成员国参与的欧洲专利信息中心网络(PATLIB)依托于欧盟各国的大型公共图书馆、科技图书馆或公共信息服务机构。各专利信息中心担负了对本地区用户进行免费专利信息服务的职责,用户可在各专利信息中心免费检索专利信息,并可得到专利信息中心工作人员的现场咨询和辅导。各专利信息中心除了向公众提供免费专利信息检索、咨询服务和定期举办各种专利检索培训班外,还提供各种增值服务,如专利定题检索、专利跟踪和分析、专利有效性检索等。2007年欧洲专利局公布《欧洲专利信息政策》,规定:"其他社会各方以边际成本接收欧洲专利局的数据,或通过网络免费获取数据。以上原则适用于所有种类的数据,包括欧洲专利局加工的增值数据库。"欧洲专利局已建立了自己的数据公开平台 data.epo.org,向专利信息服务机构提供标准格式的基础数据,方便后者进行进一步加工并提供增值服务。此外,面对浩如烟海的专利文献资源,仅仅依靠效率低下的人工翻译是满足不了日益扩大的需求,很多国家都将机器翻译作为专利翻译的突破口。2011年3月,谷歌和欧洲专利局签署了一项合作协议,谷歌将提供在欧洲专利局注册的专利的免费访问,并利用谷歌的技术为超过5 000万份专利进行翻译。2012年2月29日宣布启动一项名为"专利翻译"的新机器翻译服务,即利用互联网搜索引擎服务商谷歌公司的在线翻译技术,向用户免费提供欧洲专利局网站上法、德、西班牙、意大利、葡萄牙和瑞典6国文种专利文献与英文之间的互译服务。

日本工业所有权情报研修馆(INPIT)除了利用本身的馆室条件提供专利信息检索服务外,还在全国设立了8个地方阅览室和59个知识产权中心。社会公众在地方阅览室访问知识产权数字图书馆(IPDL),检索和浏览专利公报,获得专业咨询人员的指导和帮助。知识产权中心通过IPDL提供专利信息阅览、利用等相关指导和咨询服务、派遣专利检索和信息传播促进顾问、为本地公众提供知识产权信息指导和培训等服务。INPIT还加强工业产权数字图书馆建设,使其作为日本全国工业产权基础数据库,方便各类主体的各类检索。工业产权数字图书馆拥有1885年以来公布的所有日本专利、实用新型和外观设计电子文献及检索系统,通过其网站免费提供给全世界的读者。INPIT建立知识产权交易业者数据库,其中包含近百家知识产权交易服务机构信息。INPIT还委托日本特许情报机构建立专利流通数据库,该数据库除了包含常规的专利著录数据外,还包括与专利实施有关的信息,如许可种类、实施绩效、专利权期限、是否存在关联许可以及权利人的联系方式等。特许情报机构每年编写2册《开放专利活用例集》。

韩国政府建立“数据库振兴基金”,用于资助数据库加工生产,进而推动韩国知识产权信息服务业突飞猛进的发展。

新加坡注重挖掘专利信息的经济价值。2014年,新加坡成立知识产权价值实验室,旨在充分评估与挖掘知识产权价值,尤其是专利信息资源的经济价值,促进知识产权商业化与货币化。对于企业等创新主体而言,知识产权价值实验室将提供专业的评估意见,并帮助其更好地了解和挖掘专利信息资源背后的经济价值。对于从业者或学者而言,知识产权价值实验室提供了一个很好的平台,协助开展研究工作,并提供可行的建议。此外,知识产权价值实验室还提供相关的培训课程和认证,以提高相关的专业能力。此外,新加坡还针对不同市场主体,开展特色专利信息服务。2015年,新加坡成立知识产权局国际部,主要开展国际服务,旨在为企业提供一流的专利相关服务,例如现有技术检索和审查、专利预警与分析、新兴市场的职业培训等。期望通过提供高质量的专利检索、审查和分析,使企业能够及时得到所需的真实可靠的信息,以便做出正确的市场决策。国际部的一大特色服务是为企业提供进入中国市场的服务,例如检索中文的现有技术等。为了更好地服务于中小企业,新加坡知识产权局制定了针对中小企业的知识产权管理计划,帮助中小企业更好地管理其知识产权,包括其创新能力、所有权、知识产权保护以及商业开发等。自2003年开始,新加坡每年举办一次的欧亚专利与专利信息年会为中小企业提供了一个较好的学习和交流平台,学习新加坡知识产权局、知识产权专业人士以及行业用户如何使用专利以及专利信息。此外,新加坡政府还针对地方企业开展了知识产权巡游,以帮助企业提供知识产权意识,及时将技术创新成果专利化,将专利信息价值货币化等。

整体而言,在世界主要知识产权强国,其知识产权主管部门建立的信息服务平台都定位于满足公众的一般信息需求。在内容上,包含基础性的知识产权信息并都免费向公众开放;在设计上,力求简单易用,满足公众一般检索需求。上述功能定位也为知识产权市场服务机构留出了生存和发展的空间,便于知识产权信息公共服务和市场服务协调发展。

5.2.4 强化海外知识产权维权服务

为推动企业国际化发展,各国在知识产权方面提供一系列的公共服务措施,旨在帮助权利人在海外保护知识产权,维护创新成果所带来的竞争优势和经济价值。

美国专利商标局推出海外知识产权支持计划(IP Attaché),旨在支持美国企业在海外市场遇到的知识产权问题。该计划包括在全球12个地区设立知识产权专员,其主要职责确保美国境外国家的法律、法规以及知识产权执法制度能够有效地保护美国企业的知识产权。知识产权专员还与外国官员携手改善专利与商标实践,为警方与海关官员在执法机制方面提供指导并对那些可能会影响美国企业知识产权的国际和区域机构所开展的活动进行监控。对于那些打算进军或拓展海外市场的美国企业及其代表而言,知识产权专员是一种非常宝贵的资源。英国也在海外设立知识产权专员,为企业提供知识产权培训、建议或者具体的案件指导,支持英国企业的出口活动。

日本特许厅和日本贸易振兴机构分别建立海外知识产权信息平台,为本国企业海外发展提供相关知识产权信息。其中特许厅建立的"新兴国家知识产权信息数据库"提供对日本企业有用的各国、各地区的知识产权信息;日本贸易振兴机构建立的信息平台则提供日文版本的其他国家和地区知识产权法律法规、审查指南，日本企业在其他国家或地区的各类典型知识产权案例，在其他国家或地区能够为本国企业提供服务的知识产权服务机构信息，其他国家或地区知识产权情况的深度调查研究报告，有关其他国家或地区知识产权情况简明扼要的宣传册。2010 年日本经济产业部设立由经济产业大臣担任议长的"日本中小企业海外发展支援会议"，制定《中小企业海外发展支援大纲》，为企业提供财政、金融、人才和技术的支持。日本特许厅对在海外申请专利的中小企业提供资金补助支持；聘请 6 位具有丰富企业知识产权经验和驻外知识产权经验的专家，作为"知识产权生产者"，免费为企业提供咨询。近年来，日本政府出台系列项目，协助中小企业进行海外专利诉讼。一是实施中小企业海外专利侵权诉讼援助项目，帮助中小企业在海外及时行使专利所有权。二是建立快速审查和申诉制度。企业可借助提交"加速审查的情况说明"或"加速申诉审查的情况说明"来加速追踪审查和上诉审查。三是对中小企业海外知识产权诉讼进行贸易保险补贴。日本政府对全国性中小企业组织给予补贴，补贴海外知识产权诉讼保险费的 1/2。

韩国海外维权服务主要包括三方面内容：一是深入分析海外知识产权纠纷信息，建立涉外专利纠纷应对体系，包括案件剖析、无效或授权许可的应对策略、授权协商、诉讼准备等环节；二是对韩国企业海外主要市场加大知识产权保护力度，提供"一站式"援助服务，向出口机构及参加海外展会的单位提供专利纠纷风险事前分析服务，将纠纷发生率降到最低；三是开展知识产权诉讼保险，开发适合出口单位规模、权属、投资地区等状况的保险品种，并向中小企业支援部分保险费。实践中，韩国通过政府购买社会服务的方式，由政府组织社会力量深入分析海外知识产权纠纷信息，以此为基础建立涉外知识产权纠纷应对体系。该体系中的知识产权分析评议涉及案件剖析、应对策略(无效或授权许可)、授权协商、诉讼准备等多个环节。近年来，韩国知识产权局推出"IP 监控站"项目，保护海外韩国企业的知识产权，目的是帮助韩国海外企业提供知识产权的注册、保护和纠纷服务等事宜。2016 年和 2017 年，分别在中国西安、印度新德里和印尼雅加达增设了 IP 监控站。实施"韩国品牌综合保护措施"，在线监控海外商标流氓的商标侵权行为。2017 年，KIPO 重点监控了中国的 53 家目标单位，帮助企业确定商标被侵权的行为。

新加坡知识产权局通过在海外办公室方式，帮助本国企业保护其创新成果。

2016 年 5 月,新加坡知识产权局首个海外代表处筹建办公室在广州知识城新加坡中心揭牌。该代表处将帮助广东企业与新加坡知识产权服务提供者对接,帮助企业保护和管理其在东盟甚至其他地区的创新成果,同时也将帮助更多的新加坡知识产权服务企业走进中国市场。2017 年 5 月,新加坡知识产权局在广东主办了首届新加坡知识产权制度巡回研讨活动,介绍了新加坡作为一个知识产权枢纽如何协助中国企业走向国际,可以让外国企业借助新加坡进军亚洲市场。

5.2.5 推动知识产权市场化

为了解决知识产权交易中的信息不完整、不充分问题,各国都建立了知识产权交易市场,推动知识产权交易过程更加透明、公平,提高效率。例如美国多体系并行国家科技中介体系、德国马普学会和研究所为核心转移平台、日本 JST 和 Jasmec 为核心转移平台以及韩国技术转移中心。整体而言,当前知识产权交易市场的具体类型包括: 知识产权公告牌、知识产权拍卖以及知识产权交易平台。

发育成熟的知识产权交易市场,一方面起到了信息传递的功效,使得知识产权相关信息在买方和卖方中间逐渐变得透明,从而为各方市场主体正确决策提供有力信息;另一方面有利于知识产权资源的优化配置。任何一项可供交易的知识产权资源,都有潜在的购买者对其所有权或使用权的竞争,市场发挥了对资源配置的基础作用。

美国是知识产权证券化理论和实践发源地,出现了一批知识产权证券化案例。美国小企业管理局推动借款企业和商业银行摸索出一套适合市场的知识产权质押贷款体系。此外,还联合民间力量成立了知识产权创新金融服务公司,以提供直接资助或全额担保的方式,评定知识型企业的知识产权处理价值,进而提升知识型企业的资信能力,为其发展提供信用保证。

日本推进专利转化有四项重要举措: 一是借助专业人才的技能和经验加快知识产权运用,包括专利许可顾问、专利信息顾问、智力资产创制顾问等。政府还充分利用庞大的专利工程师队伍,他们的工作就是推销专利,发掘企业的问题,并把专利转化与地区规划、产业发展相结合。二是运用强大的数据库,知识产权部门有专利信息中心、专利许可数据库、科研专利数据库等信息资源,可以检索到世界各国专利,并进一步挖掘这些专利分布的行业区域和相关企业。政府还发布商业潜力较大的待许可专利技术手册和专利运用优势企业指南等信息。三是开发促进专利运用的工具,如发布技术转移版的专利价值评价指标体系、定期出版专利交易成功案例、帮助中小企业建立知识产权战略等。四是开展培训,举办知识产权展会,组织知识产权交易研讨会和培训班等多种形式,在全社会强化知识产权运用意识,营造良好社会环境。为了解决企业面临的融资困境,提供知识产权金融服务。日本在 2010 年建立首支专利基金——生命科学知识产权平台基金(Life Science IP Platform Fund,以下简称 LSIP),旨在为企业提供研发新产品、更充分利用发明创造的手段和途径。LSIP 提供了两项主要的服务。第一项服务为“捆绑许可”,它将大学和研究中心的专利捆绑组合,评价其潜在价值,在某些情况下将它们与从市场上购入的其他专利结合起来。创建专利群后,LSIP 会设法将其许可给企业,并与发起人分享利润。第二项服务被称为“知识产权孵化”。LSIP 获得开发专利的专有权,并以支付申请费、国际扩展和补充性研究成本等费用来优化现有专利作为回报。专利被许可后,LSIP 会收取许可费中的一定比例。LSIP 的主要目的并非经济利益,其优先任务是为整体经济利益提供支持,促进研发并加强日本经济的竞争。此外,伴随知识产权人力资源重要性日益凸显,政府将其列为与捆绑许可和孵化之后的第三项服务。2000 年 12 月,日本颁布了技术转移版的专利评价指标体系,该指标体系的使用者设定为技术转移市场服务机构、企业、大学技术转移机构、公立研究机构、金融机构等,指标旨在有效果和有效率地推进专利技术的产业化。2010 年日本经济产业省经济产业政策局出版《许可费率数据手册》,提供了大量主要技术领域、主要形式的许可费率数据。2014 年,日本特许厅启动“知识产权商业评估报告”项目,专门用来评估日本中小企业多拥有的知识产权价值,并免费向国内金融机构提供评估信息。在此基础上,2015 年 5 月,日本启动“知识产权金融话促进事业”,其中就涉及对中小企业所拥有的知识产权的经济价值进行全面评估及编制“知识产权商业评估报告”的具体要求,有利推动了“知识产权金融化”工作的落实。2016 年,日本政府财政预算中专门拨出 1 亿日元专项资金,同时指定全国 61 家金融机构合作运营。基于上述举措,日本中小企业的知识产权资产能够快速进入“金融化”程序,这也为未来知识产权的市场化交易奠定了必要的基础条件。

2008 年 9 月,韩国知识经济部为了促进专利技术转移和产业化,推出专利信托管理制度,将用于现金、不动产等资产管理与运营的信托方式引入技术和专利领域,从而促进企业、大学及科研院所等未被利用的专利的转移及其产业化。近年来,韩国陆续颁布《研发促进法》《科技创新特殊措施法》《发明促进法案》《工业、教育产学联盟促进法》,激励企业和高校等机构的创新热情。与此同时,韩国制定了《技术转让促进法》《科学技术创新特别法》等一系列法律,为鼓励和实施技术转让和产业化提供了有力的法律保障。韩国政府每年制定一次技术转移促进计划,每 3 年制定技术转移中期推进目标和计划,并通过相关机构,建立技术项目和股权交易平台,促进专利技术的转让。实施技术开发准备金制度、技术及人才开发费税金减免制度,以及新技术推广投资税金减免制度等税收优惠政策。在特殊情况下,政府还向利用新成果从事产业开发的企业无偿提供国有知识产权。启动“专利捐赠制度”,将闲置专利技术捐赠给政府认可的机构,并以税收优惠等方式加速其商业化进程。2015 年 9 月,韩国知识产权局开展了 IP-PLUG(知识产权运用网络项目),为发明者、企业、高校和科研机构、风险投资者、知识产权协会、知识产权运用专家和诸多中介机构提供了平台,有助于知识产权运用的顺利实施。2017 年,通过 IP-PLUG 向 85 家中小企业转让了 72 项专利技术,其中 12 项技术还额外获得了 150 万美元的私人投资和贷款。

2010 年韩国成立了两只基金:IP 立方体伙伴(IP Cube Partners)和知识探索(Intellectual Discovery)。其中“知识探索”提供 3 项服务:一是“许可计划”,在被别人瞄准之前购买专利,旨在建立一个“专利伞”来保护国际争端中的韩国企业,特别是专利钓饵和 NPEs 发起的诉讼;二是“开发计划”,旨在发现可能影响产业发展的关键专利,并将它们开发至成熟阶段,该服务的目标是向开发自有专利有困难的中小企业提供技术转让或补充专利许可;三是“风险投资计划”用来支持初创企业获得他们发展所需的资金。此外,韩国 2011 年通过《知识产权基本法》。该法包括 7 个方面的内容,提出重点从知识产权创造、运用和保护 3 个方面建设知识产权强国。该法规定,为促进专利的转化,技术转让和商业化预算占国家研发预算比例将由此前的 0.7%提高到 2013 年的 3%。在规范大学、科研机构专利转让的同时,政府还为大学和科研机构的专利转化创造了条件。

新加坡政府建立知识产权服务中心,为有意开发专利的企业提供商业与法律咨询。2014 年 4 月新加坡政府推出了一项总值为 1 亿新元(约 4.9 亿元人民币)的知识产权融资计划,以协助新加坡本地的企业通过所持有的知识产权来获得银行的融资。新加坡知识产权局委托当地的三家专业机构,指定一名来自评估委员会的评估师评定授权专利价值,为那些拥有知识产权的企业进行估值。申请成功后,新加坡知识产权局将提供 50%的专利评估费用补助。而相关企业则可以知识产权为抵押,知识产权局将依据不同企业贷款的申请情况,承担部分违约风险。

近期针对专利海盗的威胁,各国纷纷设立主权基金。主权专利基金是一个由国家政府设立的投资型基金,目的在于获取专利资产,实施全球专利布局,进而提升国家经济利益。2010 年 3 月,法国政府和由议会相关委员会监管的公共机构法国储蓄及信托银行集资 1 亿欧元共同成立了主权专利基金,并利用该基金建立法国专利授权公司 France Brevets。该公司通过收购法国企业和研究机构的专利来建立专利池,帮助法国产商和研究机构提升其专利价值,确保法国的利益。近年来,France Brevets 先后在德国和美国向一些智能终端企业提起诉讼。2010 年韩国政府建立 Intellectual Discovery 公司,负责实施该国第一个主权专利基金。Intellectual Discovery 设立的宗旨就是保护韩国企业的利益。目前该公司已打造价值超过 1 亿美元的专利资产组合,并构建防御专利池。韩国知识经济部设立一家知识产权管理公司,运作创业资本,探索知识产权新的运营机制。该公司经营范围包括:挖掘高价值的知识产权,促进其流转;管理专利、思想等发明资本;帮助韩国企业对抗海外专利海盗;制定国家知识产权战略;促进重要技术的专利挖掘与抢注;收购韩国大学和科研机构的优秀思想与科研成果,防止海外机构廉价收购韩国专利。2013 年,日本政府投资 2 800 万美元成立了日本主权专利基金(IP Bridge),帮助日本公司实现知识产权价值的最大化。

知识产权强国高度重视知识产权的运用服务,都建立了完善的法律法规体系,促进本国的科技创新;通过各种手段,如信息服务、投融资等促进知识产权的转化和运用。但是在知识产权转化运用的服务方面,各国的侧重点存在差异。日本、韩国等国均以政府为主导,美国、德国则以市场为主、政府为辅。其中美国基本依靠市场化的力量,主要依靠咨询公司等中介组织来提供服务;德国依靠企业自身的信息与咨询,以及专门性学术机构的力量。

5.2.6 知识产权人才的重视与培养

为了适应经济、社会发展需要,各国都结合本国实际,建立了多元化的知识产权教育体系。美国建立提供覆盖国内各个层面的知识产权教育宣传项目,包括远程教育培训、知识强化、能力提升项目等。运用现代科技手段,在国内外开展不同层面的知识产权教育、培训和宣传,为知识产权界和公众提供全方位的知识产权培训。美国许多大学都开设了知识产权通识课程,使学生了解科技创造的价值及保护。知识产权通识教育不仅对理工背景学生的人生职业规划有指引作用,而且对培养他们的知识产权意识有重要作用。在麻省理工学院等研究型大学,全都开设了知识产权课程。知识产权专业人才的培养则放在研究生层次以各大学的法学院为主。由美国律师协会认可的全美 183 所法学院中,都可提供正式的知识产权教育。学生在获得一个非法学专业本科学士学位后,可以参加严格的法学院入学考试,通过考试才可以攻读知识产权专业硕士学位。因为就读的硕士学生有其他学科的专业背景,为学习知识产权奠定了一个复合的知识基础,有利于培养复合型的中高级知识产权人才。在具体的课程设置方面,采取的是必修课和选修课结合的模式,必修课主要是知识产权法律基本课程,具体包括专利法、商标法、著作权法、娱乐法、网络法、国际知识产权法。其余的都是选修课程,这些课程主要结合学校的特色和紧跟美国社会发展的潮流开设,一般包括传统知识、电子商务、基因生物法、技术法、运动法、艺术法、IT 法律等知识产权课程。学校的课程设置能够与学生的职业规划相结合,学生可以根据自己的兴趣选修一些知识产权相关课程,这给知识产权的学习提供了充足的选择空间。

德国知识产权人才培养,十分注重理论学习与实践活动相结合,使他们在学习阶段就能边工作、边学习,理论联系实际,学以致用,学用结合。学生在完成学业后,需要参加两次国家举行的司法考试才能取得州政府颁发的合格证书。从此,他们才能成为合格的法律人从事法律工作。在这其中,学生花在见习上的时间有两年到两年半,并且这是他们参加第一次司法考试的必要条件。德国知识产权人才的培养不仅仅停留于高校知识产权专业人才,德国企业十分注重员工知识产权培训。在很多企业,员工进入企业时都必须接受知识产权方面的培训,帮助员工形成自觉遵守法律制度和保护企业知识产权的强烈意识。一些企业还特别重视培养专业化的知识产权人才队伍，对技术、法律人员定期进行跨学科轮训，或派员去专利事务所、律师事务所、高校学习，以此培养企业自己的具有理工科背景、技术与法律相结合的复合型人才。

日本《知识产权战略推进计划 2005》确立"自 2005 年起的 10 年时间，促使知识产权人才从目前的约 6 万人增加到 12 万人，培养全方位的、能展开国际活动的、具有较高商业意识的人才"的目标。在具体的教育中，日本从小学就开始普及知识产权教育。在高等教育方面，日本一方面促进大学开办法学研究生院、知识产权专门人员研究生院、开设技术经营专业课程、开办法学研究生院夜校、增加晚间知识产权讲座；另一方面，加强法学研究生院的知识产权教育，促进法学研究生院与理科研究生院联合培养既具有科技素养又有法学素养的知识产权人才。在课程设置上，日本知识产权专业本科生和研究生的课程涉及法学、理工科学等方面的知识，注重课程的产学结合。在课堂上，也是由具有丰富实践经验的教师讲授。日本政府还出资联合知识产权研究会、发明协会等社会组织，撰写与编辑出版了许多针对不同人群的知识产权教材与教辅，实施有针对性的知识产权全民教育。在职业方面，2008 年日本建立了知识产权管理工程师职业资格制度。日本知识产权管理工程师主要从事知识产权的创造、保护或运用等业务。例如，负责开展价值评价、专利地图编制等工作；从事知识产权申请战略编制、申请手续管理等工作；负责专利战略制订、商业秘密管理等。日本特许厅设立工业知识产权培训学院针对不同对象提供不同的培训内容，根据不同语言需求提供不同语言的培训，根据不同专业领域提供不同领域的培训等。以初入门者为对象，日本特许厅举行工业产权制度、工业产权基础知识等讲解会；面向工业产权实务人员，则组织有关日本特许厅审查标准及其运用指南、《专利合作条约》、复审制度、国际专利分类等的讲解会。以中小企业和风险企业为对象，日本特许厅在日本工业产权信息和培训中心开展对中小企业、风险企业的培训。以企业经营者、研发负责人为对象，则举行工业产权战略性获得以及权利应用方法方面的研讨会。2016 年，日本就提出以"国民皆为知识产权人才"为目标的知识产权教育及人才培育体系，开展创造性的发展工作；实现同地区、社会之间的合作互动。2017 年 1 月，设立了以实现学校与地区社会之间有效合作互动为目的的"知识产权创造教育推进财团"，负责进一步明确知识产权教育的应有状态以及在教育课程中的所处地位,设置相关课程及教材,为推进地区财团的知识产权教育活动,使得知识产权创造教育体系化。

韩国从 2006 年起,在大学和研究生院开始知识产权课程,从 2010 年起,在韩国高校增设知识产权硕士课程,该项目提供跨学科,如工程、法律和商业管理交叉的相关课程。韩国还在大学举行"校园专利战略会"和"D2B 展会",分别由高校学生为企业提出的知识产权战略发展和产品设计准备解决方案,企业为最佳方案获得者颁发奖金。此外,韩国设立的国际知识产权培训学院(IIPTI),是韩国知识产权局下属机构,主要负责知识产权培训工作,传播韩国先进的知识产权体系,培训对象主要为:韩国知识产权局官员和中央、地方政府的政府官员,发展中国家和世界知识产权组织的官员,专利代理人,企业、研究机构、专利律师事务所的工作人员、学生。韩国十分注重专业人才培养,实行专门的技术转化师培养计划,形成一批中介服务领军人物,带动了整个科技中介服务业的繁荣。韩国还积极开展知识产权在线教育。从 2006 年开始,韩国知识产权局与世界知识产权组织合作开办了在线知识产权学习项目。到目前为止,该项目可以支持 24 种语言、以在线和线下两种方式为 WIPO 成员国的学员提供培训。在过去的几年时间中,共有 4 700 名学员参加了培训,2017 年,KIPO 向完成了全程模块学习的培训者颁发了"知识产权影响力证书"。

新加坡《知识产权中心规划》首要战略就是培养知识产权人才。其实在 2011 年 5 月,新加坡就推出《知识产权能力框架》(IPCompetency Framework, IPCF)。以知识产权价值链为设计路径,在每个价值点上体现相应的知识产权职业。法律咨询、撰写和流程、技术咨询、战略服务以及价值评估和财务咨询五大类。按照工作内容,又分为争议解决、执行、保护、创造、融资、商业化以及交易。IPCF 按照职业的能力要求,又分为战略家、专家、执行和行政事务四个大类,34 种职业,并且对每个职业都作出了定义。此外,描绘了各个职业的上升和转化路径,为知识产权领域的从业人员提示了职业发展的方向。新加坡积极推行综合性的人才培养模式,新加坡知识产权局下属的知识产权学院旨在培养知识产权领域的专门人才。学院主要从事两方面的工作:一是提供广泛且持续的知识产权培训机会和教育,其主要对象为商业组织、科研机构、知识产权专家和其他知识产权的创造者和使用者,根据客户的需要提供多元化的训练方法。主要提供知识产权法及特定领域知识产权应用的基础课程,为知识产权领域专门人才提供技能发展课程。如具体的知识产权工程师培训课程,对象是研发工程师和科研人员,课程设置的目的是加强他们对知识产权的了解,以帮助其所在企业发展知识产权;相关国家知识产权法律课程,培训对象是知识产权专业人士,以帮助他们协助客户到相关国家投资与经商,例如该学院就曾专门开设过有关中国大陆的知识产权培训课程;相关的证书课程,主要指导专利代理人如何拟定专利申请书以及申请书的具体规范等。二是提供知识产权领导思想的提升计划,主要组织高级别的知识产权圆桌会议和研讨会,促进知识产权与其他学科的交叉研究与交流,鼓励活泼的对话和激烈的辩论,让演讲者和参与人就知识产权问题展开广泛的讨论。同时,知识产权学院还为知识产权策略制定者提供许多研究性的工作机会,并与国际上不同国家的知识产权研究机构、企业、大学组成策略联盟网络,以提供不同国家各领域市场的知识产权需求的培训方案。此外,学院还与美国新罕布什尔大学(University of New Hampshire)法学院、世界知识产权组织(WIPO)合作进行知识产权培训工作。2013 年 4 月,新加坡知识产权局宣布将投入 6 500 万新币(约合 3.1 亿元人民币)来培养本国的知识产权人才,并力争在 8～10 年内将知识产权人力总数翻番。

5.2.7 知识产权公共服务助推中小企业发展

中小企业,肩负技术创新重任,在各国经济中扮演着重要作用。以美国为例,在其科技创新历程中,创新的基本单位是成千上万的中小企业,其原始创新动力主要来自于个人。与此同时,中小企业经营也面临重重困难,如资金、人才匮乏,市场波动极其敏感、经营管理方面欠缺等。许多国家政府在社会服务方面也尽可能为中小企业提供扶持,使中小企业有一个较好的发展环境。

美国通过法律的动态调整引导中小企业重视专利开发,运营和扩散,专利与标准结合,并将专利申请与国际投资有效结合起来。美国充分认识到风险投资对小企业发展的重要作用,积极推动风险投资建设,降低风险投资企业所得税,从而推动风险投资市场的迅猛发展。美国鼓励中小企业与高校、科研机构建立全方位的合作,提高技术水平和创新能力。美国中小企业也充分认识到知识产权是一种经营资源,并将其置于经营战略的重要地位。美国专利商标局推动“公益服务项目”

(pro bono program),努力使得“公益服务项目”覆盖全美所有区域,帮助财力不足的发明人和小型实体,使得有价值的发明创造不会因为财务原因被遗漏。

2013年6月推出的《日本知识产权政策愿景》中,将“加强支援中小科技型企业的知识产权管理”作为其四个基础框架之一,提出构建中小型企业在知识产权活动中从如何激励创新获取知识产权,到利用知识产权开拓海外市场、直至知识产权有效运用的一站式支援体系。整体而言,日本对中小企业提供的支援,不仅有资金方面,更重要的是通过政府的帮助,推动中小企业与研发机构的合作,增强研发力量;引导中小企业加强知识产权管理,让存量技术获得知识产权,同时让知识产权进入市场,并让市场中的知识产权流向海外。政府努力为中小企业提供一站式支援服务。日本特许厅采取措施减免了中小企业的海外申请费,对中小企业在应对海外知识产权取得专利过程中的材料准备、翻译等方面进行指导。为了帮助中小企业在海外应对侵权事件,日本特许厅还通过发送预警文档和调研报告来对企业进行引导。为了建立海外知识产权活动的援助机制,支持企业在外国的知识产权活动,日本政府给所有大使馆任命了知识产权官员,提供有关假冒产品和盗版产品造成损失的咨询服务并促进加强企业和政府间合作,拟提供补助金来援助侵权调查以及通过知识产权团体参与海外日本企业之间的信息交换活动。日本还十分注重中小企业的知识产权教育、培训以及知识产权政策宣传,致力于建设健全中小企业咨询服务系统。日本积极引导扶持中小企业实施知识产权战略,扶持中小企业实施专利网战略,积极推动中小企业对闲置专利的开发利用。日本利用专利地图,为中小企业研发提供决策参考,努力将企业研发引向最大可能获取核心专利的技术研发上来。此外,日本政府还通过购买市场公共服务方式,使得中小企业从中受益。日本政府《专利流通支援目录》公布每年列出的20项重大课题,每个课题经费约1 000万日元(约合人民币70万元),通过项目委托日本发明协会来做有关专利的调查和信息分析,提供给中小企业使用。

韩国十分注重中小企业专利商业化,韩国政府部门通过融资、参股、担保等方式援助韩国有意对优秀专利技术产业化但缺乏资金的企业。2015年,韩国知识产权局与韩国五大银行合作,对知识产权工作做得好的企业加大贷款折扣力度。2014—2017年,共向中小企业提供9.84亿美元的资金。从2010年起,韩国知识产权局实施“全球知识产权明星企业发展计划”,到2017年底,共扶持了1 454家中小企业,成功帮助企业扩展了海外市场。与此同时,韩国还成立包括政府、公益性组织、社会团体在内的多层次的中小企业援助机构,为中小企业提供从专利申请费、审查费减免到海外维权的“一站式”服务。政府补贴并出资聘请相关领域专家组成专家团,帮助中小企业确定研发方向和领域,规避企业在投资和技术方面可能产生的风险。政府以补贴方式提供中小企业海外维权费用,并通过多层次的中小企业援助机构。政府还为中小企业免费提供网上专利信息服务。韩国知识产权局还十分注重中小企业商业秘密的保护,通过“商业秘密保护中心”“商业秘密保护管理信息系统”“商业秘密电子指纹识别服务”等项目不断强化对中小企业商业秘密的保护。通过这些项目,中小企业可以进一步提升企业内部商业秘密的管理、增加商业秘密初始时间的证据效力、提升保护商业秘密的意识。该项服务对于尚未建立牢固商业秘密保护体系和实力不够强大的中小企业具有重要意义。实践证明,此举受到韩国中小企业的欢迎,2017 年使用商业秘密保护系统的企业数量不断增加。

5.2.8 注重公共服务与市场化服务的协同发展

各国政府致力于建立完善基本知识产权公共服务体系,优化知识产权服务业政策环境,推动制定有利于知识产权服务业发展的财政、金融和税收政策,完善知识产权服务业统计制度和监测体系,培育一批市场化、专业化、品牌化和国际化的专业知识产权服务机构。从全球市场来看,科技咨询机构、技术研发与转移机构、法律服务商以及科技媒体为代表的科技服务业投资增长迅猛。2017 年,美国科学和技术服务业产值占 GDP 比重达到 7.6%,德国和日本等发达国家科技服务业产值占其 GDP 的 3%～5%或更高。其中,专业化的在线知识产权服务企业也开始更多的进入创业资本的视野。从区域分析,美国市场无论是融资案例还是融资额度,都在全球遥遥领先。这也反映出作为全球科技创新发动机的美国,在大量创新企业、创新成果的背后,一定有大量科技服务企业的有力支撑。中国科技服务业市场化才刚刚起步,2014 年 10 月,国务院正式发布《关于加快科技服务业发展的若干意见》,成为促进科技与经济融合的重要引擎,强化了科技服务对当今经济提质增效的智力支撑作用。随后,全国科技服务业区域试点和行业试点工作陆续启动。

2015 年 4 月 15 日，国家统计局发布《国家科技服务业统计分类(2015)》，正式将科技服务统计纳入国家统计体系，这对于我国经济社会发展及全面落实自主创新、推动科技与经济深度融合具有战略意义。但整体而言，我国科技服务业在数量、质量及发展模式上与发达国家相比均存在较大差距，中国在科技服务业新兴领域创投活跃度远低于美国市场。

5.3 知识产权强国公共服务的经验和启示

5.3.1 政府功能准确定位

纵观美国、欧盟、日本、新加坡等国家和地区的知识产权公共服务，政府在知识产权的公众教育、人才培养、信息、维权和运用等多方面提供重要的基础服务，以达到鼓励知识产权的创造、保护、运用和管理。例如《日本知识产权政策愿景》中，政府的主要职责就是“支援”，并不直接干预企业的经营。政府应从服务于企业和其他市场主体角度，发挥支援作用(制度、资金、人才、信息、基础平台等多方面支援)。新加坡《知识产权中心规划》将新加坡创建世界知识产权中心的职能定位在知识产权申请、知识产权交易与管理、知识产权纠纷解决三个方面。而为了在这三个方面有所作为，他们提出了发展专业人才队伍和创造宽松生态环境的支撑办法，在其整个总体规划中充分体现出为国内外知识产权权利人和企业服务的基本理念。因此，政府应以服务为基本理念，协助公民表达并实现共享的公共利益，而不止于控制和引导新方向。

我国在提供知识产权公共服务时，应当发挥国家知识产权管理机构的核心职能，制定和颁布知识产权公共服务的基本政策，引导地方政府根据本地情况针对性地加强基本公共服务的供给。从目前来看，我国知识产权公共服务体系缺乏整体规划、公共服务规章制度不健全、区域发展差距较大、公共服务资源的开发利用工作发展不平衡、公共服务水平参差不齐。因此，针对这些问题，充分发挥政府主导作用显得更加重要而迫切。

5.3.2 以促进知识产权保护和运用为首要原则

知识产权保护的根本目的是为了促进经济和科技发展，因此，鼓励知识产权的商业实施和维护权利人的合法收益是重要手段。所以，维权援助公共服务是知识产权公共服务中的一项重要内容，国外公共服务体系中均有相应的制度设计。由于我国施行知识产权制度的时间尚短以及知识产权制度专业性强、较为复杂等原因，市场主体保护和运用知识产权的能力还比较欠缺，难以适应市场经济发展的需要。在这种形势下，开展知识产权维权援助工作，大力提高全社会知识产权意识和运用知识产权制度的能力，已经成为我国经济社会发展的迫切要求。此外，促进知识产权交易和运用的公共服务体制和机制也显得十分必要。只有知识产权在市场中真正得到充分利用，才能发挥其促进经济和科技发展的作用。

5.3.3 创新知识产权教育和信息公共服务

无论是从政府信息公开的角度，还是知识产权运用和管理的现实需要，加强信息和教育公共服务都是各国知识产权公共服务的重要内容。在美国或者欧洲，用户往往都可以从其国家的专利局官方网站下载各类专利基础数据。如果想获取初加工数据，用户也可以通过相应机构购买，数据价格在专利局官方网站均有公布。欧洲专利局甚至设有基础数据日。在基础数据日，欧洲专利局与商业专利信息服务商共同探讨如何加工基础数据，以更好地满足社会应用需求。由于公众可以方便、快捷地获取各类专利信息，使得社会创新主体在进行技术研发时有效避免了无效投入和重复研究，专利信息的传播不仅带动了资本和智力的流动，而且能激发整个社会的创新潜力。

国外的知识产权信息公共服务已经不满足于简单地为公众提供专利、商标查询；世界知识产权组织、美国专利商标局、欧洲专利局等都会提供年度报告和专项报告，对数据库中的数据和信息进行挖掘和分析，更好地服务于公众。尽管发达国家和地区的公益性专利信息服务平台建设相对比较成熟和完善，但是这些平台在功能设置和数据开放程度上还都存在一定的局限性，这种局限性的存在为专利信息服务市场化提供了生存空间。为了降低专利信息应用的数据加工成本,各国专利局都遵循世界知识产权组织制订的 XML 代码化全文数据标准,大大降低了专利信息服务机构的数据加工成本,催生了大批高水平的专利信息服务机构,有效推动了专利信息服务业的发展。同时也有助于相关产业的发展和维权公共服务的实施。近年来,美国、欧盟、日本、韩国等知识产权主管部门积极推动专利数据开放,培育市场化信息服务机构。每年举办的国际性专利信息会议,较为有名的有欧洲专利局专利信息年会、东京专利信息博览会、韩国专利信息年会等,为各国专利信息服务商搭建了交流平台。整体而言,一些发达国家或地区,政府、非营利机构和商业化机构分工明确,满足了不同层次的知识产权服务需求。

知识产权强国利用网络和数字化技术,创新知识产权教育模式。具体表现为:开发先进的教育工具;全方位、多渠道开展知识产权教育培训,整合政府、学院、企业三方资源,共同构筑人才培养体系。

我国当前社会公众知识产权意识还比较淡薄,知识产权保护的宣传、培训和教育还有待加强。虽然,中国知识产权培训中心作为隶属于国家知识产权局的事业单位承担着全国高层次知识产权专业人才的培训任务,但还应根据全社会知识产权培训需求,为从事知识产权工作的专业人员提供知识产权专业培训,并利用多样的培训方式向全社会普及知识产权知识,特别是发挥网络在线远程教育的运用;教育公共服务也可积极利用地方政府和高校系统的资源共同来完成。

5.3.4 知识产权公共服务的生产引进竞争机制

知识产权服务机构作为连通政府、企业、技术与市场的桥梁,在整个知识产权体系中发挥重要作用。由于政府财力及公共服务投入的有限性,合理挖掘其他专业资源提供公共服务具有重要意义。虽然私营机构具有商业目的,其服务在本质上属于一种社会服务,但政府可通过政府采购的形式使其为普通公众服务。政府应该从制度设计、行为规范入手,筹划知识产权服务机构的总体战略布局。例如,日本和韩国均实行专利商标检索外包制度,除非营利机构外,取得资质的社会中介机构也可以承担。2014 年,我国知识产权局邀请第三方机构对各省区市知识产权战略实施状况作出的评估。评估指标体系多角度科学设计,既考虑了各地知识产权战略实施的共性，也充分考虑了地区的差异性，全面、综合评估了各地知识产权对产业和经济的促进效应。评估结果也比较客观地反映了各省区市知识产权战略实施后取得的成绩。评估结果显示，一些地方正从要素驱动、效率驱动向创新驱动转变。我国已经成为名副其实的知识产权大国。

与此同时，不能忽视非政府组织和非营利机构等第三方部门在提供知识产权公共服务方面的作用和价值。虽然行业协会和集体管理组织服务于特定群体和个人，但这种服务具有公共服务的某些基本特点，可以视为一种准公共服务。政府应该引导和鼓励这种针对普通公众的市场化服务，特别是在知识产权维权和运用等领域的服务内容，这样不仅可以和政府公共服务相互补充、互为支持。而且有利于提高我国知识产权公共服务的水平。首先厘清行业组织、上属(挂靠)单位之间关系，使得这些机构在市场中寻找到自己真正的位置；上级主管(挂靠机构)也要仔细把握既能满足这些机构独立性，又能在适当时候为其提供真正帮助的度、合理平衡二者之间关系。

5.3.5 突出对中小企业知识产权的扶持

无论是创新大国美国、还是欧元区第一大经济体德国，都从知识产权政策方面，大力支持本国中小企业的发展，因为中小企业肩负创新重任，是一个国家经济发展的核心主力。美国、日本等知识产权强国高度重视中小企业的战略地位。2013 年《日本知识产权政策愿景》就将中小企业视为实现日本未来愿景的关键力量，提出要构建中小型企业型科技企业在知识产权活动中从如何激励创新、获取知识产权，到利用知识产权开拓海外市场，直至知识产权的有效运用的一站式支援体系。美日欧等国家不仅建立了知识产权法律体系，还根据不同时期中小企业发展目标，有针对性地颁布有利于中小企业知识产权建设的法律，有效推动中小企业知识产权的持续、稳定发展。除了加强立法外，这些国家还为中小企业提供强有力的金融财政支持、海外维权援助以及知识产权教育、培训。日本政府提出，作为政府，除了对中小型科技企业进行知识产权管理重要性的启蒙教育，还应针对不同状况的企业给予细致周到的支援，力求消除知识产权活动中各种各样的障碍。

过去出于政绩考虑，政府更有兴趣为大企业提供支持和保护，扶持其做大做强,特别是国有大企业,有意维护其特殊垄断地位。中小企业本就资金匮乏,没有足够财力进行知识产权保护,面对这种不利环境,就更难提升自身价值。近年来,我国出台一系列针对中小企业的扶持政策,内容涵盖技术创新、知识产权,基本形成了较为完备的政策体系。目前最关键的是,如何通过对相关政策的优化调整和实施过程中的监督,将政策落到实处。

5.3.6 建立知识产权公共服务绩效评价体系

绩效管理是西方国家推行新公共管理的一个重要措施,美国这方面经验值得借鉴。美国绩效评估是一个逐步走向制度化、法制化的过程。1993 年 7 月,美国政府颁布了《政府绩效与结果法》,将政府行政管理绩效评估从传统的"投入—产出"模式转换为"目标—结果"模式,提出了任务、目标、指标和评估四个重要概念,指出行政机构必须先确认其任务和目标,再选择度量目标的指标,然后决定如何评估并利用评估结果改进工作绩效。该法案规定联邦政府"每个机构应提交年度绩效规划和报告",财政预算与政府部门绩效挂钩。美国政府绩效评估的主体也呈现出多元化。在评估过程中有公民和服务对象的广泛参与,有政府机关内部自上而下的评估,也有社会评估机构对政府绩效的考评。美国民间机构锡拉丘兹大学坎贝尔研究所自 1998 年以来与美国《政府管理》杂志合作,每年对各州或市的政府绩效进行评估,并发布评估报告,引起了政府和民众的广泛关注,一些州政府在对其部门年终业绩进行评估时,也邀请专门的社会评估机构参与。1994 年,美国专利商标局被《政府绩效与结果法》列为第一批接受绩效评估的试点单位。由于参与试点运作较早,美国专利商标局有机会重新审视、开发和创造绩效指标,使其与专利商标局的任务和战略计划关系更紧密,更有效地实施绩效评估。美国专利商标局根据其任务制订战略计划,包括"1996—2000 战略计划""21 世纪战略计划"和"2007—2012 战略计划",每年对战略计划的实施绩效进行评估,先制订年度绩效计划,然后在财政年末(9 月 30 日)公布年度绩效报告。美国专利商标局战略计划绩效评估的基本模式是:任务—战略目标—绩效目标—绩效指标—预期目标—绩效数据审核与确认—绩效评估—绩效报告。根据战略目标确定绩效目标,进而设定绩效指标,再明确将来的量化预期目标,这种确定指标的方式层层递进、相关性高,具有一定的科学性。绩效结果只需要将实际表现与预期目标进行对比即可得出,方法简便,容易操作,还可以防止为了得到好的结果而事后动手脚。难点在于确定预期目标时要客观合理,同时要高瞻远瞩、具有挑战性。上述方法,对于我们构建知识产权公共服务绩效评价系统,具有借鉴意义。

6 知识产权公共服务建设的战略任务

6.1 营造促进知识产权公共服务发展的制度环境

政府主导知识产权公共服务业的发展,绝不是政府的直接干预,而是通过法律制度的构建和出台积极的政策体系为知识产权公共服务的发展提供制度支撑。知识产权法律制度和政策本身也是最为典型的政府提供的“公共产品”。伴随市场经济和知识经济不断快速发展、社会的不断进步,知识产权公共服务面临的新情况越来越多,目前的知识产权法律存在的缺陷,导致其无法适应当前形势发展要求。因此,抓紧时间对现有知识产权法律进行修改,以适应市场经济和知识经济的需要。首先要统一知识产权立法的方针、政策目标和价值取向,从而保证知识产权法律法规体系的内容完整、相互协调;其次借鉴国外先进经验,适时出台《科学技术促进法》《技术评估法》《技术转移法》《数据库保护法》,与此同时,出台相关法律、政策,促进大学、研究机构、非营利机构和中小企业的产学研合作;再次,对现有的知识产权相关法律、法规、条例进行统一梳理、整合,统一立法层次和法律效力,消除不同法规之间存在的交叉、抵触;最后结合科技、经济发展,加强产业、区域、科技、贸易政策与知识产权政策的衔接。最终建立内容完整、相互协调的知识产权法律法规体系。

6.2 创新知识产权公共服务的体制机制

目前,我国管理知识产权的职能分散在多个政府部门,提供知识产权公共服务的政府部门较为分散。由于缺少部门间知识产权公共服务职责的明确划分,各部门间信息又不能互通共享,导致知识产权公共服务缺少有效整合,无形中增加了行政成本。此外,职能分散进一步加剧了知识产权公共服务中的不连贯性问题。相对于法律制度,当前知识产权公共政策的发展缓慢,而政策的制定主体又过于分散,导致法律和政策之间的落差和脱节进一步加剧,政策之间各自为政,不同部门制定的政策甚至存在相互冲突,导致现实中无法执行,从而造成知识产权公共服务的不连贯性。为了更好地促进知识产权事业的发展,推进知识产权强国建设,应该按照政府职能转变、建立服务型政府的要求,理顺管理机构,推进知识产权行政管理机构的体制改革。

6.3 提升知识产权公共服务的供给能力

知识产权强国必须具有强大的知识产权硬实力和软实力,知识产权实力的打造已经成为我国提升国家实力的重要基础。在依法治国的新形势下,知识产权强国建设势必获得新的动力和机遇。提升政府知识产权公共服务的供给能力,直接关系到我国知识产权强国建设。

一是要拓宽知识产权公共服务的供给主体。知识产权公共服务是一个系统工程。一方面需要大量的人力、物力和财力,通过某个具体的知识产权政府机构来提供纷繁复杂的各类知识产权公共服务不具有现实性;另一方面,现有的行政职权的划分体系在一定程度上制约了知识产权公共服务工作的统一开展。另外,由于市场失灵与政府失灵现象并存的原因,未来知识产权公共服务的发展中供给者格局将发生变化:形式上将逐步依托社会服务机构,从过去政府作为主要的甚至是单一的公共服务供给者,逐步转变为政府、企业、社会的多元化供给者。

二是要调整知识产权公共服务的内容布局。公共服务的内容将从仅涵盖知识产权制度供给、知识产权意识培养的知识产权普及服务拓展到知识产权信息服务和知识产权定向服务:知识产权信息服务包括帮助法人和公民有效运用专利技术信息等各类知识产权信息,服务技术研发项目的科学立项、技术创新过程和国内外市场拓展等;知识产权定向服务是指政府部门或公共服务组织通过组织和配置社会知识产权专业服务资源,利用专业技能,帮助和指导需要特别扶持的关键行业、技术联盟、重大项目、重点工程以及特定企业等运用知识产权规则，规避风险，提高创新能力和参与国际竞争能力的重要公共服务。通过延伸公共服务的内容，合理调配社会资源，将公共服务贯穿于知识产权的创造、运用、保护和管理的全过程中。

三是优化知识产权公共服务的供给流程。政府部门需要从创造、运用、保护、管理几个方面，对公共服务的已有布局和结构进行梳理，对服务供给的效率进行评估，在此基础上删除那些重复的甚至冲突的服务，覆盖那些服务空白地带，在知识产权的运用和保护环节增加服务，包括资金、人才、培训、评估等等。对服务供给的流程进行优化，使得公共服务的供给更加顺畅、高效。

6.4 形成基于区域和产业特色的知识产权公共服务内容

每一个区域的经济发展都受到自然条件、社会经济条件和技术经济政策等因素的制约。为了平衡区域发展，我国政府提出了以“西部大开发、振兴东北、中部崛起、东部率先发展”为核心内容的区域发展总体战略。伴随国内国际形势的变化，中国经济发展进入“新常态”，2013 年 9 月，中国国家主席习近平访问哈萨克斯坦期间首次提出了建设“丝绸之路经济带”的倡议；同年 10 月，在访问印度尼西亚时又提出了建设“21 世纪海上丝绸之路”的构想。“一带一路”倡议的提出，是中国为促进人类共同发展所倡导的中国方案，它突破了原有区域政策甚至区域研究囿于国内的局限，强调内外联动，在更大的经济发展空间格局内，调动国内国外两个市场两种资源。正如瑞士世界经济论坛所言，“中国提出的‘一带一路’倡议被视为一个新的区域和全球主义的双赢举措”。针对当前我国存在区域发展不平衡不充分，区域发展机制不完善，难以适应新时代实施区域协调发展战略需要等诸多问题，2018 年，中共中央、国务院发布《关于建立更加有效的区域协调发展新机制的意见》，以“一带一路”建设、京津冀协同发展、长江经济带发展、粤港澳大湾区建设等重大战略为引领，以西部、东北、中部、东部四大板块为基础，促进区域间相互融通补充。以“一带一路”建设助推沿海、内陆、沿边地区协同开放，以国际经济合作走廊为主骨架加强重大基础设施互联互通，构建统筹国内国际、协调国内东中西和南北方的区域发展新格局;以北京、天津为中心引领京津冀城市群发展,带动环渤海地区协同发展;以上海为中心引领长三角城市群发展,带动长江经济带发展;以香港、澳门、广州、深圳为中心引领粤港澳大湾区建设,带动珠江-西江经济带创新绿色发展。上述举措旨在优化我国经济发展的空间格局,打造新的经济支撑带和具有全球影响力的开放合作新平台。因此,要根据不同区域的特点,结合其发展战略需求,出台相关政策,建设知识产权公共服务体系,引导各区域技术创新、产业布局走上区域差异化的发展之路。

当前,我国重点培育和发展节能环保、新一代信息技术、生物、高端装备制造、新能源、新材料等战略新兴产业和新兴文化产业。不同产业对知识产权公共服务的需求存在差异,应结合新兴产业和新兴文化的发展需要,建立知识产权法律法规和政策体系、知识产权信息服务体系、产学研协调的科技创新体系、促进知识产权运用的财政、金融、税收体系、知识产权服务业发展规范体系等,为产业发展提供支撑和保障。

6.5 健全知识产权公共服务的标准

知识产权公共服务标准是规定知识产权公共服务应满足的要求,用以指导和规范知识产权公共服务机构及其从业人员提供的服务行为的标准。知识产权公共服务标准的订立和实施,能有效规范知识产权公共服务行为、提高知识产权公共服务质量和效率,提升政府的公共服务能力,加快转变政府职能,使市场在资源配置中起决定性作用和更好发挥政府作用,加快法治政府和服务型政府的建立。

6.6 提高知识产权公共服务的效率

知识产权公共服务的机构包括行政部门和以经营为目的设立的各类市场服务机构。从根本上说,这二者最终承担了具体的知识产权公共服务职能。由于公共服务机构的能力和素质的高低决定了公共服务的质量和效果,因此知识产权公共服务部门要加大自身的素质建设，在内部管理制度、外部服务规程等各方面实现制度化和规范化，以提高公共服务绩效。要求建立科学的评价维度和指标，对我国各级、各地政府、各部门的知识产权公共服务状况进行绩效评价，通过评价和分析找出影响我国知识产权公共服务的核心要素并加以改革与优化，最终提高公共服务效率。

6.7 构建知识产权公共服务的协同机制

知识产权公共服务体系的正常高效运行，依赖促进协同发展的系统环境，结合现阶段知识产权公共服务事业发展情况，提出以下建议：第一，应该加强政府与企业、社会之间良好的信息互动，构建科学决策机制。由于信息不对称等各种因素的存在，政府的政策供给常常与实际政策需求相脱节，因此必须加强。第二，构建中央知识产权公共服务与地方知识产权公共服务之间的协同机制。由于差异性与多样性的存在，中央知识产权公共服务不可能覆盖全部的知识产权服务需求，需要地方知识产权公共服务的弥补。第三，实现知识产权硬件与软件良好配合。硬件建设重点是知识产权公共服务的信息化建设，致力于分析技术咨询、风险预警、法律咨询、管理规划等领域，提供涵盖侵权监控、评价论证、举报投诉及顾问咨询等内容；软件体系包括工作效率、行政观念、人才素质以及制度体系等。完善的硬件体系与优化了的软件体系实现良好配合，可以提供系统化、多元化、层次化的知识产权公共服务。

6.8 提升知识产权公共服务的国际影响力

增强知识产权公共服务的经济属性和外向化程度，强化在国际贸易投资领域中的知识产权公共服务。知识产权公共服务应积极主动参与到企业国际化进程中，强化知识产权政策与贸易政策协调，尤其要配合“一带一路”愿景的实施，通过有效的知识产权公共服务为我国企业海外市场拓展保驾护航。进一步拓展知识产权公共服务内容,主动为广大发展中国家提供包括审查在内的各类知识产权公共服务,提高我国在国际知识产权事务中的影响力,积极谋求知识产权国际规则制定中的话语权和主导权。

7 知识产权公共服务建设的战略举措

7.1 建立统一综合的知识产权行政管理机构

7.1.1 政府在知识产权公共服务的角色定位

明确政府在知识产权公共服务中的角色定位，就是要明确政府与市场之间的关系，使政府发挥其职能优势，创新知识产权公共服务体制，提供制度性的知识产权公共服务产品。在推动知识产权公共服务建设中，政府必须坚持以下思维方法：一是法治思维。政府在提供知识产权公共服务时，需要不断审视其行为的目的、权限、内容、手段、程序是否都符合国内法律和国际条约的规定。对于一些需事先得到法律授权的行为，不能超前推进，甚至以既成事实绑架法律。此外，推行程序公开、政务公开，自觉接受社会和公众监督。二是系统思维。知识产权公共服务必须有全局意识、协同意识，要服务于我国知识产权强国建设和经济强国建设；注重关联性，深入研究知识产权政策与科技、产业、经济、外交、教育、文化、生态领域相关政策的关联性和耦合性，促进不同领域政策取向上的相互配合，实施进程中相互促进；注重层次结构性，在既有的总体目标下，分析不同市场主体、不同产业对于知识产权公共服务需求上的差异，做到整体筹划、分类服务；注重时序性，知识产权公共服务内容必须与一国经济社会发展阶段相适应，不能超前推进。对于一些需要试点的服务，不能急于全面推进。三是战略思维。要重视发挥知识产权的规制和导向作用，面向全球新一轮的科技革命和产业革命，引导创新资源向战略性新兴产业和知识产权密集型产业集聚，推动我国经济结构调整和产业升级。此外，还需具有国际眼光，不仅要完成国内知识产权制度设计，还要积极参与全球知识产权制度的顶层设计，在知识产权国际规则舞台发出中国的声音。四是底线思维。知识产权政策和公共服务，必须以我国经济社会发展和社会公众利益为根本出发点，同时注重对我国核心技术的保护和企业海外维权的援助。

7.1.2 进一步推动知识产权行政管理体制改革

在现有基础上，进一步推行知识产权"三合一"体制改革，加快建立统一的知识产权行政管理部门，完善知识产权管理体系。具体而言，就是集成知识产权管理职能，整合行政资源，将中央和地方各级政府的专利、商标、版权等主要知识产权管理职能整合到一个独立、统一的行政管理机构中去，形成职能集中、权责明确的知识产权行政管理体制，从根本上改变当前职能分散、多头管理、权责交叉的现状，更好地与经济、贸易、科技等工作融合衔接。政府的职能中心要从事前审批转向事中、事后监管、提供公共服务，要注重发挥战略制定、规划引导、政策激励和组织协调作用，维护公平竞争的市场秩序，保障价格信号机制的高效运行，通过简政放权和转变职能激发企业自主创新的动力。

7.1.3 界定政府在知识产权公共服务中的职能

改变过去违反市场规律的政府介入行为，尊重并发挥市场机制在知识产权创新中的作用。政府的角色应该是知识产权公共服务的提供者，同时也是整个知识产权公共服务的规划者和管理者。政府职能应该集中在知识产权的公众教育、人才培养、信息、维权和运用等多方面提供重要的基础服务，通过市场的力量将创新资源向优势企业集中，提高创新效益。

政府在知识产权公共服务中的基本职责，具体包括：第一，建立公民需求表达机制，决定某种知识产权公共服务是否需要提供以及提供什么内容。第二，确定知识产权公共服务的消费边界，当外部效应出现时，应通过成本收益对称的制度安排，确保公共服务得到合理消费。第三，确定某种知识产权公共服务的生产方式。政府应通过公共招标或委托专门评估机构来确定某一公共服务的具体生产者，在选择知识产权公共服务的生产者时应坚持公平、公正、公开原则，确保生产出来的公共服务成本低、质量高。第四，监督和评估公共服务的生产、提供过程和服务效果。知识产权公共服务的内容涵盖：建立知识产权公共服务的政策法律体系，为知识产权的交易创造公平的市场环境，为企业创新创业提供系统引导和财政金融支持体系，为知识产权信息传播搭建基础性平台，向社会公众免费提供数据信息，扶植知识产权市场服务机构发展，培育知识产权专业人才等。

7.1.4 完善政府知识产权公共服务的投入和保障机制

建立知识产权公共服务财政支出持续稳定增长机制，加快推进财政从一般竞争性生产领域、应用性研究等可以利用社会资金发展的领域和企业亏损补贴等“越位”领域中退出来，加大财政在知识产权公共基础设施、公共服务提供等方面的投入，根据实际工作需要增加人员编制，在重点项目和基础建设项目中予以更多资金支持等，从组织上保证知识产权公共服务体系建设和运行的顺利实施。调整优化财政支出结构，实现知识产权公共服务财政支出向重点产业、关键技术转移，向中小企业、小微型科技企业转移，向高水平的知识产权市场化运用转移。建立规范的知识产权公共服务采购制度，改革知识产权公共服务财政补贴的支付，从主要提供给供给方，转向提供给需求方，通过消费者的选择，促进服务机构提高服务质量和服务效率。规范政府公共财政行为，建立以需求为导向、以项目为载体的知识产权公共服务提供方式。适当放宽知识产权公共服务购买对象的范围，研究引导和支持措施，吸引更多的社会组织投入到知识产权公共服务的生产中，用市场竞争手段实现资源的合理配置。

7.2 建立完善知识产权公共服务的法律政策体系

7.2.1 现有法律、政策体系的梳理、完善

2014 年 11 月，党的十八届中央委员会第四次全体会议审议通过的《中共中央关于全面推进依法治国若干重大问题的决定》明确提出，要加强重点领域立法，完善激励创新的产权制度、知识产权保护制度和促进科技成果转化的体制机制。这

为知识产权法律制度的完善指明了努力的方向：一是要加强知识产权法律法规的完备性。针对一些领域还存在的立法空白，例如传统知识、数字版权、网络商标等，推动加快立法，使得各个领域知识产权问题都做到有法可依。二是对现有的知识产权法律进行梳理、整合，统一立法层次和法律效力，消除不同法律法规存在的交叉、抵触。同时确保地方性法规与国家层面法律法规的协调一致。三是紧密结合经济、社会发展需要，及时做好知识产权法律法规的修订工作，使得现有的法律法规能够有效应对经济社会发展中出现的一系列新的知识产权问题。现阶段积极推动专利法、商标法、著作权法以及配套法律修订，开展民法典背景下的知识产权法律制度的研究制定工作。研究应对新型知识产权使用模式下的利益关系，研究开展商业秘密、传统知识、遗传资源、民间文艺与地理标志等领域的立法工作，研究完善新领域、新业态知识产权保护的政策措施，制定出台强化知识产权保护行动计划。四是加强现有知识产权制度与国家科技、产业、经济、文化、教育、外贸政策的协同性，在相关政策出台时增加知识产权条款。强化知识产权政策与国家创新政策有效协同。促进国家知识产权制度与科技创新、市场监管、文化教育、产业贸易体系融合发展。五是紧密跟踪国际知识产权动态，针对主要国际知识产权规则开展跟踪分析，重点分析国际和主要国家知识产权制度动向，对未来国际知识产权制度的发展趋势进行科学预测。分析我国参与知识产权国际规则的基本情况和主要特点，分析影响我国对外知识产权政策的主要因素，研究我国参与知识产权国际规则制定的角色和立场，探讨体现中国立场的知识产权理念和国际话语体系。通过描绘当前西方主流话语支配下的当代知识产权全球治理样态，揭示话语与知识产权国际秩序间的相互作用，分析约束中国知识产权国际话语推进的因素，进而研究中国知识产权国际话语推进的实现路径等。

7.2.2　知识产权立法的前瞻性研究

当前，全球正面临新一轮的科技革命和产业革命。3D打印技术快速发展、创客运动的兴起，都将对现有的生产方式和创新体制造成冲击，并对知识产权制度产生影响。以3D打印技术为例，该技术具有轻松复制、共享、修改等功能，伴随其发展将引发"个性化制造"和"自我生产的形态"，并由此产生"自我制造""自给自主"

的生产和消费模式，使得传统的规模化的工业生产模式重新转向分散式的家庭生产模式，从而引发生产制造过程中的巨变以及供应链上的颠覆。现有的知识产权制度框架则是力图控制传统制造和供应链上的关键活动，3D打印技术发展必然引发知识产权制度的兼容性和风险性问题。因此，必须深入研究3D打印技术及其产业发展对人类生产生活方式的影响，由此可能引发的知识产权法律关系的变化，进而揭示未来制度创新的可能性及其发展趋势。

互联网和数字技术的相结合，也催生了"创客"群体的出现。"创客"一词源自英文的"Maker"，是指出于兴趣与爱好，努力把各种创意转变为现实的人。"创客运动"的变革性特征主要体现在以下方面：第一，人们使用数字桌面工具设计新产品并制作出模型样品(数字化的DIY)；第二，在网络社区中与他人分享设计成果并合作已经成为一种文化规范；第三，如果愿意，任何人都可以通过通用设计文件标准将设计传给商业制造服务商，以任何数量规模制造所设计的产品，也可以使用桌面工具自行制造。创客们有别于传统的发明者和创造者，其将物理产品数码化并分享的行为，将方便无数私人的非营利制造行为，并极有可能蚕食掉专利产品的大部分市场，对现有的专利制度造成影响。

针对新技术带来的挑战，我们要注重知识产权立法的前瞻性，加强前瞻性研究，形成对于未来法律、政策变化的趋势分析、预判，夯实我国知识产权法律法规建设的基础。

7.3 建设多元中心的知识产权公共服务供给模式

改变传统的政府为中心的单一知识产权公共服务供给模式，建立政府、社会、市场多元中心的知识产权公共服务供给模式。

7.3.1 政府顶层制度设计

政府发挥制度创新优势，加强制度设计与安排，通过体制机制创新来促进知识产权公共服务有效供给。结合知识产权服务的公益性和经营性程度的差异，按照纯公益性、准公益性和经营性三种类型,调整政府在不同类型知识产权公共服务提供中的相应职能;同时加快推进政事分开、管办分离,探索知识产权公共服务市场化、社会化的供给方式。在纯公益性知识产权公共服务提供中,政府要承担主要承办责任,承办形式可采取财政全额拨款、向不同经营类型的组织和机构购买相关产品或服务等;对于准公益性知识产权公共服务,政府需要通过财政拨款、政府采购、政府项目招标、与其他经营主体合资合作经营、税收优惠等方式提供支持和补偿。针对不同行业、不同项目、不同经营主体特点,要探索引入签约外包、代用券等方式,鼓励社会力量参与知识产权公共服务的提供。

7.3.2 建立用户/公众表达公共服务意愿的广泛平台和通道

政府建立用户/公众表达公共服务意愿的广泛平台和通道,使用户能参与到知识产权公共服务决策、规则的制定过程中,使分散的异质性人群都能够顺畅地表达公共服务需求。具体方式包括:深入企业、知识产权服务业进行专题调研,了解各类市场主体的现实需求;委托第三方调查机构,开展需求调查;围绕知识产权公共服务开展系列软课题研究,为制定政策提供依据和参考;将企业与高等院校、科技市场、知识产权管理部门的需求整合,实现两者对接。政府将互联网技术和思维引入到知识产权公共服务领域,促进交流互动和信息传播。搭建政府、知识产权公共服务生产者、知识产权公共服务用户的信息交流平台,打通信息流通渠道,盘活线上人才、资源,促进线下高端多元化服务能力提升。

7.3.3 扶持培育第三方提供知识产权公共服务

第三方是指除了政府、市场主体以外的社会性非营利机构。这类组织的出现一定程度上弥补了政府和市场双方的缺陷,成为提供知识产权公共服务的一支重要力量。第三方通常表现为行业协会和跨行业的知识产权联盟,它们代表了组织成员集体的共性需求,同时担负着促进国家和企业相互沟通的职能,构建起自下而上的公共需求表达机制。行业协会可以团结行业相关企业,形成合力,共同应对行业发展进程中的重要问题和障碍,维护相关企业利益和安全。行业协会还能制订行业知识产权自律规则，并监督规则实施，从而促进行业自律和发展。

长期以来，我国行业协会建立和发展都依赖于政府，行业协会仍然是政府行政部门的附属机构，没有形成强大的社会自治力量。而知识产权行业协会和联盟在我国更是刚刚起步，远未发达，这也导致上述机构提供的知识产权公共服务的供给不足。因此，必须通过多种途径和方式，培育行业协会和知识产权联盟建立。

(1) 法制环境

我国行业协会的法律制度建设严重滞后，除了上海等少数地区以地方规章形式出台行业协会管理规范外，缺乏全国性的具有较高层次的专门规范性文件。应尽快出台《行业协会法》，对于行业协会连接政府和企业的社会中介地位予以确定，对其非营利性质及道德范围进行界定，对其独立行使行业自律管理的权限给予保障，对政府委托事项管理职能的权限及接受政府管理与监督的义务予以明确。同时确立市场主体、行业协会和政府之间的协商机制和程序。

(2) 加快政府体制改革、职能转变

政府行政管理部门要与知识产权行业协会彻底脱钩，取消政府对于知识产权行业协会直接的资金拨款，以政府购买公共服务的方式，将行业协会推向市场。加快建立相关知识产权公共服务的评估机制和行业协会优胜劣汰的退出机制。推动政府转变职能，将本属于行业协会的社会职能转移给行业协会，例如制定行业内市场准入的知识产权标准、制定行业知识产权服务标准、技能资质考核、海外知识产权维权等，为行业协会提供更大的生存和发展空间。政府应该完善宏观指导，调整优化知识产权行业协会的结构和布局，防止出现重复或空白的现象。对于全国性的知识产权行业协会，可以设在产业集中、便于开展服务的地区。行业协会登记管理部门、主管业务部门以及公安、财政、税收等相关职能部门应该加强沟通合作，规范管理内容和方式，逐步建立科学、有效的监督机制。

(3) 政府加大对知识产权行业协会的扶持力度

政府应引导产业建立知识产权行业协会，研究制定针对知识产权行业协会的税收减免优惠政策，落实知识产权行业协会工作人员的社会保险、职称待遇等，帮助行业协会留住优秀的人才，促进知识产权行业协会快速发展。政府与知识产权行业协会构建新型合作关系，建立政府重大决策及相关政策出台前听取行业协会商会意见的征询制度，行业协会商会参与产业政策和行业发展规划制定机制，建立常态化和制度化的行业协会重要情况“绿色直通车”制度。

(4) 加强知识产权行业协会自身建设

行业协会必须树立“自立、自主、自养”的思想，牢固树立市场主导原则，保障市场主体意愿在行业协会建立和发展过程中得到充分表达。强化知识产权行业协会自身建设。严格按照协会章程办事，完善各项规章制度。坚持知识产权行业协会的非营利性。对于行业协会举办展览会、交易会、研讨会等活动可以实行有偿服务，收费应符合国家有关规定，并公开收费依据、标准和收支情况。加强行业协会财务管理，设立专门的财务人员，并对所属分支机构、代表机构的财务实行统一管理。创新知识产权行业协会服务内容，不仅实现对企业提供知识产权信息、开展知识产权培训等基本服务，还应不断丰富服务内容、创新服务方式，提供包括行业内知识产权准入标准的发布、行业知识产权政策制定、行业重大项目知识产权评议、行业知识产权风险预警、行业内知识产权争端协调、企业海外知识产权维权等深层次的功能和服务，打造品牌项目。

(5) 创新知识产权行业协会的用人机制

建立市场化的用人机制，有计划地吸纳有本行业知识背景的知识产权专业人才充实协会队伍，从思维模式、年龄、知识结构和行业能力等方面予以提升，同时要对现有人员进行专业培训，更新知识，以满足协会发展的要求。

7.3.4　推动政府购买知识产权公共服务的制度化、规范化发展

2013 年 9 月 30 日国务院办公厅公布了《关于政府向社会力量购买服务的指导意见》，指出凡适合社会力量承担的，都可以通过委托、承包、采购等方式交给社会力量承担，并要求加大政府购买行业协会等社会力量服务的力度。2014 年，财政部发布《财政部关于推进和完善服务项目政府采购有关问题的通知》，政府购买服务工作已经进入细化和完善阶段。与政府自身生产公共服务相比，由社会中介机构、市场主体提供的专业化服务，有利于提升公共服务产品的质量水平，同时为社会中介机构和市场主体的持续发展提供动力。当前要做好以下工作：

(1) 建立完善政府购买知识产权公共服务的制度体系

尽快制定出台《政府购买知识产权公共服务项目指南》，明确政府购买知识产

权公共服务的范围。将购买知识产权公共服务的资金列入政府财政预算。制定政府购买知识产权公共服务的规范化程序，围绕政府购买行为，构建包括项目立项、招投标、项目管理、绩效评估在内的长效配套机制。将委托、评估、认证、问责等环节纳入法定程序，为政府购买知识产权公共服务提供政策依据和程序保障。强化信息公开制度，确保政府购买知识产权公共服务行为的公平、公正、透明。

(2) 不断拓宽政府购买知识产权公共服务内容

当前政府购买知识产权公共服务主要体现在法律咨询、信息分析、教育培训等项目上，未来要逐步拓展政府购买知识产权公共服务项目领域，如重点产业知识产权公共服务平台建设、行业知识产权标准制定、重大项目知识产权评议、海外知识产权维权援助等。

(3) 建立对于知识产权公共服务提供方的监督机制

制订相应的准入门槛，核定提供知识产权公共服务的机构和组织。不管是市场主体，还是非营利机构，准入门槛要一致。政府委托第三方专业机构进行全过程的监督，包括对提供知识产权公共服务的机构和组织事前资质检查、合同履行过程中的跟踪调查、合同履行完毕后的社会绩效评估。建立知识产权公共服务提供者的征信体系。制定科学、合理的信用评级制度；选择权威的评价机构，为各位主体建立信用档案；建立完善的信息网络，让知识产权公共服务的购买双方、知识产权公共服务的对象都可以随时、随地查询信用信息。传充分发挥群众监督、舆论监督作用，建立包含社会公众、新闻媒体在内的社会监督体系。

7.4 构建符合产业特色的知识产权公共服务内容

产业特色是指一个国家或一个地区在长期发展过程中所积淀、形成的一种或几种特有的资源、文化、技术、管理、环境、人才等方面的优势，从而形成的具有本国或本地区特色的具有核心竞争力的产业集群。最为典型的代表就是美国的硅谷。现代产业发展以创新为核心，拥有知识产权的数量、质量，运用知识产权的能力与水平，成为现代产业竞争能力的核心要素，而知识产权密集型产业则是这一切的具体表征和体现。当前知识产权密集型产业已经成为发达国家经济支柱，发达国家正在采取各种措施推动产业升级,形成多元化的知识产权密集型产业。大力发展知识产权密集型产业,并最大化地提高其经济贡献,也是我国建设知识产权强国的有效路径。知识产权公共服务必须立足于知识产权密集型产业特色,为其发展提供有力支撑。

7.4.1 制定知识产权密集型产业目录

知识产权密集型产业是知识产权要素高密集性的产业,是创新最为活跃的产业。知识产权密集型产业既可以是以高新技术为代表的战略性新兴产业,也可以是被赋予了创新活力的传统优势产业,例如中医药、传统知识等都可能成为知识产权密集型产业,都可以对国民经济贡献巨大价值,也可以成为战略性新兴产业。劳动力和资本密集型产业可以并必须转化为知识产权密集型产业,这也是经济的转型升级本质。此外,知识产权服务业、影视产业、创意设计产业等也可以成为知识产权密集型产业。现阶段,在参考国际标准基础上,密切结合我国产业结构和发展现状,制定知识产权密集型产业统计标准,进而出台知识产权密集型产业目录。

7.4.2 建设知识产权密集型产业“产业公地”

“产业公地”从外表上是多家相关企业共生共荣的产业园区,本质上确是由各种专有技术、产业运作能力和专业化技能的网络交织而成的。这些能力和要素嵌入在劳动者、竞争者、供应商、消费者、合作型研发项目、大学中,并向多个产业部门提供支持。在产业公地,任何一个产业中的创新决不能被视为与其他产业无关,产业公地里的各种知识与能力会像生态系统一样不断进化,衍生出新的能力,从而改变产品用途的边界。政府应该加强知识产权密集型产业“产业公地”建设。现阶段,选取国民经济发展的先导产业,依托国家自主创新示范区,构建一批知识产权密集型产业集聚区。同时鼓励有条件的地区,结合区域特色,建立一批区域知识产权密集型产业集聚区。政府结合知识产权密集型产业集聚发展特点,综合运用教育、税收、金融、补贴、知识产权、政府采购等政策,调整产业公地内结构布局,完善产业链。政府要加强公共基础设施基础,创建人力资本基础。

7.4.3 加强对共性技术的研发投入

产业公地内的共性技术，是未来能够支撑一系列潜在商业产品的广泛技术能力。但由于共性技术具有很强的外部性，所以也往往导致市场研发投资不足，需要政府支持。

(1) 加大基础性研究在国家财政科技支出中的比重

发达国家一直注重对基础研究的投入。根据美国国家科学基金会发布的2017财年美国研发经费统计报告，联邦研发经费投入增加至1 183亿美元，其中基础研究投入保持稳定，为323亿美元，在联邦研发支出中平均占比为27.3%。根据国家统计局、科学技术部和财政部联合发布《2017年全国科技经费投入统计公报》，我国2017年共投入研究与试验发展经费17 606.1亿元，其中基础研究经费为975.5亿元，占研发经费的比重仅为5.5%。由于基础研究难有直接经济效益，结果也具有不确定性，造成我国基础研究投入长期以来处于较低水平，需要优化中央财政支出结构，尽快提高基础研究投入占比；同时加大地方财政对基础研究的投入，并将其纳入行政考核体系。针对企业对基础研究的投入严重不足情况，要充分发挥国家对企业基础性研究的引导性支持，中央财政设立企业基础性研究引导基金，构建企业内"国家重点实验室"等平台，同时及时制定出台有利于激发企业基础性研究的财税政策和评价体系，构建产业共性技术平台。

(2) 建立国家科技重大专项和科技计划的知识产权审议

《国家中长期科学和技术发展规划纲要》《"十三五"国家科技创新规划划》《国家能源技术创新"十三五"规划》等一系列规划中，均提出了优先发展的科技领域，并提出掌握自主知识产权。但是在规划制定时，大多没有规定进行知识产权审议。由于对现有知识产权布局没有进行系统分析，缺乏知识产权布局的策略，导致项目存在投资低效甚至失败的风险。因此，应建立健全国家重大科技投资项目知识产权审议制度，明确审议目标和责任主体，规范审议流程和内容，强化科技层面的知识产权布局，最大限度地降低知识产权创造风险，提高知识产权创造的针对性和有效性。对于国家财政投入较大的科技重大专项，在立项初期要提供第三方的知识产权检索报告，项目承担方制定知识产权创造战略。科技部和知识产权局应合作开发国家科技重大专项和科技计划成果专用数据库，为重大项目知识产权审议、项目知识产权成果的后评估提供支持。

(3) 落实国家科技重大专项和科技计划知识产权战略工作

2003 年科技部《关于加强国家科技计划知识产权管理工作的规定》中要求："在国家科技计划项目的申请、立项、执行、验收以及监督管理中全面落实专利战略。""各类科技计划应当根据各自特点确定知识产权目标，把专利权、植物新品种权、计算机软件著作权、技术秘密等知识产权的取得、保护和运用，作为科技计划管理的重要内容。"2010 年《国家科技重大专项知识产权管理暂行规定》要求"牵头组织单位制定符合本重大专项科技创新和产业化特点的知识产权战略"。但由于缺乏切实可行的操作办法，在部分优先发展的科技领域，知识产权并未与科技计划、国家投资挂钩，利用重大各级项目引导全社会知识产权创造布局的目的并未实现。在建设知识产权强国背景下，推进知识产权政策与科技政策的对接、协调，其中一个重要方面就是制定、完善"国家科技重大专项和科技计划"知识产权管理规定，促进高校和科研院所知识产权创造、运用和转化。一是要将知识产权管理纳入国家科技重大专项和科技计划全过程管理，建立国家科技重大专项和科技计划完成后的知识产权目标评估制度。各项目应制定本项目知识产权目标，并纳入项目合同管理。二是在国家科技重大专项和科技计划中，允许项目组列支知识产权费用，降低项目承担单位的知识产权申请、维持成本。三是在项目进程中，定期对知识产权布局情况进行专门和全面评估。四是针对优先发展科技领域的专利申请、维持设立特殊的扶持资助政策，通过有效的政策措施体现国家优先发展的意志。五是在国家工程中心、国家工程实验室的认定和评价中，设置发明专利相关评价指标并赋予其较高权重，激励科技活动主体创造知识产权。

7.4.4 实施专利导航工程助推企业获取核心技术

(1) 在知识产权密集型产业集聚区开展专利导航试点工程

政府部门在组织编制产业专项发展规划时，引入专利导航决策机制。通过专利导航明确相关产业发展的主攻方向、政府扶持的关键环境、未来产业发展的规模要求、技术水平、集聚方式等。在此基础上引导企业加强产业前沿技术的研发和储备,开展专利布局,构建支撑产业(企业)竞争力的专利储备。建立知识产权部门与产业规划、计划管理部门工作协同机制,共同制定、定期发布针对知识产权密集型产业的《产业技术专利创造指南》,引导产业技术发展方向和专利布局,支撑产业发展。

(2) 对知识产权密集型产业集聚区内重大经济活动,开展知识产权评议

综合运用情报分析和挖掘手段,有针对性地对所涉及的知识产权风险、知识产权价值、产业发展方向进行评估、评价或审查,针对潜在风险提出解决建议,并制定发展战略策略。建立由企业高管、知识产权专家、产业专家、技术专家、风险投资机构等组成的知识产权评议专家库,为知识产权评议工作提供专业指导。

7.4.5 建立企业主导、多方参与的知识产权运用、转化体系

(1) 构建集群式的知识产权服务体系

知识产权密集型产业发展需要集群式的知识产权服务。政府应在知识产权密集型产业集聚区,配套建立知识产权服务业集聚区。政府设立知识产权服务业发展专项资金,支持进入集聚区发展的知识产权服务机构。对于入驻的知识产权服务机构,可以享受政府提供的包括金融、税收、担保、财政贴息等系列优惠政策。通过一系列的政策激励和优惠措施,完善知识产权集群服务体系,形成包括代理服务、信息检索、软件研发、预警分析、价值评估、交易、融资、战略研究、法律援助、宣传培训在内的知识产权服务链,为企业知识产权运用构建一站式的知识产权服务平台。

(2) 运用政策工具促进转化运用

政府通过财政、税收、政府采购等优惠政策,促进知识产权转化运用。对于知识产权密集型产业、知识产权运营服务机构实行税收减免,提高高校、科研院所技术转移收入应税起点额度。加强政府对知识产权密集型产业产品的采购,通过政府采购使得企业获得规模经济和生产经验。

(3) 构建大学、科研机构与知识产权密集新产业集聚区的良性互动关系

针对产业内的关键、共性技术,政府扶持,依托大学、科研机构、企业,建立产业共性技术研发中心,密切科研与生产关系,加速科研成果向生产力转化。建立国家

技术转移中心,鼓励国家实验室向企业转移专利技术。引导大学、科研机构与知识产权密集型产业签订长期合作计划。大学向集聚区内企业开放其课堂,为企业技术人员提供研究生课程学习,帮助技术人员不断更新专业知识,保持持续创新活力;企业与大学、科研机构设立“大学-产业合作研究中心”,开展合作研发,使得研发以市场为导向,实现基础研究与应用研究相结合,并保证科研成果迅速商品化、产业化。鼓励大学建立内部技术转移机构,实现技术转移、知识产权管理、投资运营功能一体化。

(4) 建立产业知识产权联盟

政府引导知识产权密集型产业集聚区企业,成立行业协会组织。行业协会牵头,联合高校、科研结构、知识产权服务机构,共同打造知识产权联盟。对联盟内企业进行专利交叉许可,实现共同发展,对联盟外企业则运用“专利池”进行技术垄断,提升竞争优势。同时,还可以充分发挥知识产权联盟在产业协同创新、标准制定、产品推广、共同应对专利纠纷与诉讼方面的作用。

(5) 搭建专利产业化孵化平台

建立知识产权密集型产业专利技术孵化器。政府设立孵化基金,对于重点专利的研究开发项目进行支持。同时,政府在税收、贴息贷款、经营场所等方面提供优惠政策。通过一系列的政策支持,引导企业和投资人参与,为发明人专利的产业化提供融资、技术优化、产业规划等系列服务,实现从创业到产业化的过程。

(6) 建设知识产权运营和产业化平台

依托知识产权密集型产业集聚区,建立包括知识产权服务、专业技术服务、投融资孵化服务为一体的产业知识产权运营和产业化交易平台。平台功能涵盖信息发布、孵化器、技术推广、技术交易、投融资服务等。引导平台内知识产权服务机构创新服务内容,综合运用知识产权的引进、集中和价值分析,以许可、转让、二次开发、构建“专利池”、投融资、入股等多种方式,实现知识产权的市场价值。

(7) 建立知识产权运营引导基金

近年来,“专利流氓”对中国企业侵扰也日趋严重。一些“专利流氓”还将触角伸展到国内,面向中国重点高校和科研院所大规模收购技术创意和专利,积极进行专利布局,意在织网捕鱼,转而向中国企业索要专利使用费。我国政府应当对国外公司收购买断我国大学和研究机构的创新技术保持足够的警惕。可以借鉴韩国等国经验，建立由政府和企业共同出资的知识产权运营引导基金，探索商业运营新机制。基金通过吸引企业资本、风投资本、民间资本，组成若干知识产权运营基金或者运营公司，面向学校、研究机构、独立发明人与破产公司购买核心技术，进行专利布局和储备，防止我国科技资源流失。针对我国相关产业发展急需的专利技术以及需要转让的专利技术开展许可转让、谈判诉讼、投资入股、项目孵化等运营活动，盘活我国专利资产，并去帮助那些遭受或可能遭受知识产权诉讼威胁的企业免受敲诈勒索。

7.4.6 创新金融融资支持体系

知识产权融资问题往往是创新与成果转化中的关键。知识产权价值评估和风险融资机制，也是当前我国知识产权公共服务的重要内容。

(1) 建立政府引导的知识产权融资体系

国家知识产权局与财政部门、金融机构加强合作，通过财政专项补贴、财政低息贷款、政府财政担保等为企业科技创新提供资金支持。同时，政府积极探索与民间金融资金的联合融资模式，探索建立知识产权创新金融服务公司、知识产权信用保证基金等，扩大知识产权产业化的资金供给。建立知识产权质押融资的长效机制。

(2) 深化知识产权资本化评估方面的探索性研究

第一，规范知识产权评估机构及评估制度。完善的知识产权评估机构及评估制度是知识产权交易市场成熟的标志之一。要根据专利、商标、著作权等各自特点分别制定相应的评估指南和操作规范，细化评估标准和依据，以减少评估的随意性，提高评估的科学性和准确性。第二，切实提高知识产权评估机构的执业水平。评估机构应调整优化人员结构，除必不可少的资产评估师、会计师、律师外，还需吸纳商标、专利、著作权等领域的专家学者参与。同时，加强对知识产权评估专业人才的培养，提高评估人员的专业化水准，大力培育一批市场公信力高、评价价值市场认可度强的评估机构。第三，尽快建立知识产权价值与风险评估的保真机制，确保评估结果真实地体现其市场价值与风险，避免被人为地扭曲而失真。地方科技部门、知识产权部门等加强合作，组织行业专家、企业家、中介等开展对知识产权价值评估的培训和认定工作，形成标准化的作业流程，从而提高市场从业机构的专业性、公正性和规范性。第四，建立金融机构和知识产权评估机构间的风险担保衔接机制。知识产权作为一种权利，其价值的判断始终困扰质押融资的实现。在知识产权质押融资中建立风险担保机制，通过划分政府担保风险、商业担保风险、银行贷款风险等，消除融资方顾虑。

(3) 探索知识产权融资新模式

试点知识产权拍卖服务；探索知识产权指数、专利组合投资等新的商业模式；试点知识产权证券化；发展知识产权交易和债务融资；积极探索有效的知识产权保险市场化运作模式等。

7.4.7 实施专利护航工程助推企业“走出去”

(1) 制定实施知识产权密集型商品出口的重大专项支持计划

政府通过设立专项扶持资金，引导企业在国际贸易中自觉开展知识产权评议，有效防控国际商贸活动中的知识产权风险，及时发现并解决知识产权问题，避免未来知识产权争端，减少企业不必要损失。

(2) 开展知识产权评议

针对国家发展影响重大的海外企业并购、海外技术引进、海外投资等重点国际商贸活动，将知识产权分析评议作为项目的必要环节。可以通过政府购买服务的方式开展知识产权分析评议活动。政府出台知识产权分析评议规范、知识产权分析评议机构的选取标准和评议结果的监督考核制度。引导和指导企业自觉有效开展国际商贸活动中的知识产权分析评议工作。

(3) 政府建立海外知识产权信息公共服务平台

信息平台旨在为外向型企业提供有关海外、知识产权制度、程序、案例、服务机构、研究报告等各类知识产权信息。针对重点出口国家，定期发布中文版知识产权国别报告，帮助企业更便捷地获取海外信息，了解海外市场环境和知识产权态势。

(4) 帮助企业开展海外专利布局工作

制定海外知识产权申请指引，帮助外向型企业了解海外知识产权制度，适应海外知识产权规则，提高企业在海外的知识产权获权能力。探索与更多重点国家或地区建立专利审查高速公路项目(PPH),探索建立共同申请格式,以及对我国企业海外申请和授权有利的其他项目等。

(5) 建立海外知识产权纠纷应对体系

通过政府购买服务的方式,由政府组织社会力量深入分析海外知识产权纠纷信息、剖析典型知识产权案例,在此基础上建立海外知识产权纠纷应对体系。

(6) 构建知识产权联盟

支持外向型企业围绕产业链组建行业协会和知识产权联盟,共同制定对策,面向国外诉讼开展联合谈判和联合应对国外诉讼。

(7) 培育高水平知识产权服务机构

着力培育一些具有国际化视角和国际知识产权运作能力的知识产权服务机构,建立海外知识产权服务机构圈,构建一支能够与我国外向型企业有效对接的高水平服务机构队伍。

(8) 建立国家救助机制

在"走出去"的企业遭遇知识产权纠纷时,及时为其提供必要的法律援助。加强与东道国政府和国际知识产权组织的合作,为我国企业"走出去"营造良好的外部知识产权环境。

7.4.8 建立知识产权信用体系,强化知识产权保护

(1) 建立知识产权信用体系

2014 年 6 月 27 日,国务院印发了由国家知识产权局等 35 个部门共同参与制定的《社会信用体系建设规划纲要(2014—2020 年)》(下称《纲要》),其中明确提出了建设知识产权信用体系的规划和目标,成为备受关注的一大亮点。《纲要》明确了知识产权领域信用体系建设的内容包括:建立健全知识产权诚信管理制度,出台知识产权保护信用评价办法;重点打击侵犯知识产权和制售假冒伪劣商品行为,将知识产权侵权行为信息纳入失信记录等。当前要尽快出台《知识产权保护信用评价办法》,建立知识产权信用体系,进一步为人才投身创新创造营造良好社会环境。建立知识产权信用平台,知识产权信用体系不仅应包括专利侵权假冒等违法行为,还应包括商标、著作权、商业秘密等知识产权领域的信用情况,像银行的信用

体系一样，将涉及的相关知识产权违法违规行为全部记录到这一体系平台上。将企业知识产权信用与专利奖、专利质押融资、银行授信、知识产权优势企业等评审挂钩，同时依法严厉打击重复侵权、假冒等失信企业和个人。当前信用体系的建设多个部门都在推进，比如央行、国家工商总局、最高法院等，均有相应的个人和企业的相应贷款、企业经营以及借还等信用记录，统筹利用现有信用信息系统基础设施，依法推进各信用信息系统的互联互通和信用信息的交换共享，逐步形成覆盖全部信用主体、所有信用信息类别、全国所有区域的信用信息网络。

(2) 强化知识产权维权援助

针对知识产权密集型产业集聚区对知识产权保护需求强烈的特点，要进一步完善知识产权举报投诉机制，加强知识产权侵权热线举报投诉平台建设和信息共享，健全举报投诉电子档案库。在集聚区建立知识产权维权援助中心，规范中心运行，扩大维权志愿者、监督员队伍，探索建立专利快速维权工作机制，为权利人提供快速确权、维权等服务。

7.4.9　延伸服务内容，提升国际影响力

知识产权公共服务不仅立足于本土市场，为在中国的各类市场主体提供服务，还可以放眼国际。近年来，知识产权地域性特点日益向全球化、区域化方向转变，未来地域性还会进一步被突破，主要的审查资源将进一步集中在几个知识产权大局。美欧日韩中五大知识产权局，未来可能会承担90%以上的审查业务，五局之间通过信息化网络共享，其审查规则将会高度统一。广大发展中国家分发知识产权外包业务，委托给五大知识产权局来承担审查任务。例如我国国家知识产权局已经承接我国香港地区、澳门地区和海湾地区国家的专利申请实审业务，未来将可能更多地承接“知识产权审查外包”工作。伴随审查资源集中，知识产权宣传、培训、教育资源也会向大局集中，未来我国也要为周边国家和其他发展中国家提供宣传、教育、培训等知识产权服务。此外，鉴于企业在海外市场知识产权保护日益重要，我国应主动为主要贸易国家的企业提供中国知识产权相关信息，帮助相关国家的企业了解在中国如何注册和保护知识产权。借此机会使得其他国家了解，中国拥有发展完善的知识产权和法律体系，能够为本国和外国企业提供稳定及可预期

的保障，树立我国知识产权方面的国际形象。

7.5 培育现代知识产权服务业

知识产权服务业是现代服务业的重要组成部分，其业界构成主体主要包括代理机构、科技评估中心、信息情报中心、技术市场以及其他科技资讯机构等。近年来，高新技术成果转化服务中心、高新技术创业公司、技术产权交易所等新型的服务机构也相继涌现，能够为国民经济各产业的技术研发提供信息咨询、代理、知识产权运营、商业化等服务，更重要的是在知识产权产业化方面提供有效的支撑。与此同时，知识产权服务业本身也具有高聚集性、高附加值和高成长性的特点。推进知识产权服务业的发展，既是贯彻落实《国家知识产权战略纲要》，推动知识产权强国建设，提升我国企业核心竞争力和产业自主创新能力的客观要求，也是发展现代服务业，加快经济发展方式转变的客观需要。

7.5.1 制定我国知识产权服务业发展规划

当前伴随市场主体对知识产权服务的需求日趋旺盛，知识产权服务业面临着重要的发展机遇和挑战。知识产权服务业在我国还属于新型服务业形态，其技术、相关理论、业务模式尚不成熟。因此，必须开展知识产权服务业理论、商业模式等方面的专题研究，在此基础上，制定我国知识产权服务业发展整体规划，统筹协调，采取有效措施推动知识产权服务业发展迈上新台阶，为创新驱动发展提供强大动力，为经济社会可持续发展提供坚强保障。

7.5.2 完善知识产权服务政策体系

近年来，我国政府对于知识产权服务业的发展高度重视，《国务院关于加快培育和发展战略性新兴产业的决定》和紧随其后发布的《国务院办公厅关于加快发展高技术服务业的指导意见》中，多处提到了知识产权服务的问题，将知识产权服务业纳入高技术服务业范畴，强调要“建设产业创新支撑体系”，“发挥知识密集型服务业支撑作用”。但是在知识产权服务业的发展过程中，关于促进和规范知识服务业发展的立法要明显滞后于产业的发展实际。我国政策法规体系仍不健全，导致市场秩序不规范，很多知识服务企业的法律地位、经济地位、管理体制、运行机制等还未明确。因此，及时制定出台相关法律法规，为知识产权服务业发展提供制度上保障。继续深化行政审批制度改革，减少政府对知识产权服务机构的审批事项和审批环节，放宽对知识产权服务机构准入的审批限制，实行登记注册原则，审批程序公开，建立公平、公正、公开的市场准入环境。此外，加强知识产权服务业与产业、科技、金融、区域政策衔接，发展综合知识产权体系化服务。

7.5.3 制定知识产权服务业标准体系

建立知识产权服务业标准规范体系，确定其机构规模、资格认证、从业人员资质认定，制定知识产权信息服务标准，规范各类主体的知识产权服务行为。发挥行业协会作用，引导知识产权服务机构建立健全内部管理制度。建立知识产权服务机构年检式的监督体制。建立知识产权服务机构分级评价考核体系，完善行业信用评价、诚信公示、失信惩戒等制度。

7.5.4 推动知识产权服务业集聚式发展

在国家自主创新示范区、地方科技园区进行知识产权服务业集聚发展试点。集聚式的发展路径，既有利于政府对于知识产权服务机构进行政策扶持，还能形成知识产权服务业的协同效应、规模效应和品牌效应，促进知识产权服务业的内部整合、重组，推动知识产权服务业的规模化、品牌化发展。

7.5.5 积极引导我国知识产权服务机构“走出去”

鼓励知识产权服务机构办理海外并购、海外知识产权保护、海外投资等方面法律事务，依法妥善处理涉及我国企业的贸易摩擦和贸易争端，促进外向型经济稳步发展。培育涉外高端业务律师人才力度，鼓励和支持有条件的律师事务所到境外设立分所。从政策层面来说，政府主管部门应出台一些优惠政策，如税收、人才流动等，在一定期限内给予支持，免除事务所的后顾之忧。

7.5.6 推动知识产权服务业行业协会建立

赋予知识产权行业协会在从业人员资格考试、资质认定、监督知识产权服务机构规范运营等方面的权利。行业协会牵头制定行业规范，促进行业自律。行业协会承担知识产权服务业统计调查和信息发布工作，为知识产权服务业运行和发展状况提供客观数据。

7.6 建立知识产权公共服务的支撑体系

7.6.1 构建多层次的知识产权人才培养体系

我国基本形成了以领军人才、百名高层次人才、千名骨干人才和万名专业人才为纵向 4 个层级，以行政管理和执法、专利审查、服务业、企业、高校及科研院所知识产权人才为横向 5 个类别、包含 8 万余人的知识产权专业人才队伍。但人才总量相对不足，人才占人口和人力资源的比例低于发达国家，特别是高层次人才和复合型人才缺乏。知识产权人才素质不断提高，学历高、年轻化，人才专业背景、年龄梯次更符合实际需求，但是人才的结构布局不够合理，人才区域分布不均衡。人才使用效能有待提高，人才培养结构与经济社会发展需求不相适应。为了解决上述问题，需要采取相应对策：

(1) 加强人才激励保障机制建设

建立健全人才激励保障制度，形成政府、用人单位和社会力量共同推进的良好局面，充分尊重人才诉求，体现人才价值。

(2) 建立人才评价与发现机制

建立科学的知识产权职业分类体系，探索研究各类知识产权人才能力素质标准,完善知识产权从业人员专业技能评价体系以及企事业单位知识产权人才评价制度;积极推动设立各类知识产权专业技术职业资格,并将其纳入职称评审体系,使得从业资格登记与职称相对应,为知识产权服务从业人员建立职业发展通道,增加行业吸引力,推动行业持续健康发展。

(3) 完善知识产权人才培训相关标准

逐步形成由专业基础人才、骨干人才、高层次人才和高层次引领人才组成的科学完备、结构合理、相互衔接的知识产权人才体系。将知识产权专业服务人才的培养从过去的以在职培训为主,适当拓展向前延伸到高校。知识产权人才培养方式多样化,包括高校设置知识产权专业硕士学位、校企合作培养知识产权人才、高校采取订单式培养知识产权人才等。在具体培育过程中,可以设立双导师制度,聘请具有知识产权代理、经营、评估等实务经验人员共同开设课程,指导学生。运用“云计算”“移动网络”等先进技术,搭建知识产权服务培训平台,实现远程异地培训、交流和考核,从而降低培训成本,提高培训效率。加大对高端人才的引进和高层次人才的培养,建立知识产权高端人才实践基地,促进人才成长。

(4) 推动社会培训

政府采取优惠的税收、金融等政策,鼓励和扶持社会组织和行业协会根据市场需求,针对性地开展各类知识产权专业培训。

(5) 推动知识产权智库建设

随着知识经济时代的不断发展,知识产权已经成为一国战略发展和国际竞争的关键要素。知识产权智库建设作为国家特色智库建设的重要组成部分,对于推进我国知识产权战略实施、实现创新驱动发展意义重大。2010 年,国家知识产权局成立了“国家知识产权专家咨询委员会”,围绕知识产权强国建设等战略性、全局性和关键性问题,深入开展调查研究,积极提出高水平的咨询意见和建议,共同推动知识产权事业科学发展。同时,国家知识产权局下的直属机构“知识产权发展研究中心”也充分发挥了国家智库作用。除此以外,高校知识产权智库是中国知识产权智库的中坚力量。如国家知识产权局依托中南财经政法大学、北京大学、同济大学等高校设立的国家知识产权战略实施工作研究基地。近年来,我国的民间智库也有所发展,代表性的有深圳国新南方知识产权研究院、北京务实知识产权发展中心等。未来应进一步发挥知识产权专业智库的作用。要充分发挥不同类型智库的各自优势，官方知识产权智库主要着眼于知识产权实践的制定与实施；高校知识产权智库主要侧重于知识产权理论的研究与论证；民间知识产权智库则主要倾向于知识产权社会层面的环境营造，以及企业间的知识产权的运用与保护，进而实现相互间的优势互补。此外，各个智库必须要不断加强与国外知识产权智库的交流与合作，进而积极建设与营造具有国际知识产权交流与合作的长效机制和优势平台，以此推动我国知识产权智库建设的国际化发展。

7.6.2 建设统一的知识产权公共服务信息平台

(1) 健全知识产权信息化服务体系的法律保护

数据库的开发利用必然引发数据库制作者、数据库使用者、数据库收录作品的版权人之间的利益冲突。数据库的法律保护问题已成为一个新课题。要采取措施真正达到保护数据库制作者的合法权益，促进数据库产业健康发展和信息资源共享的目的。推动专利信息检索、专利信息分析、专利预警、专利数据库建设、专利信息系统构建等方面标准的研究制定工作，完善知识产权咨询服务规范、知识产权分析评议服务规范、知识产权运营服务规范等。

(2) 落实专利数据开放

鉴于专利数据以代码形式存在，格式千奇百怪，数据丢失频繁，重复数据量不计其数。必须找到一个适用于大部分专利的模板样例库，定义出需要的内容，排除不需要的杂质，最终形成一种结构化数据，依托于大数据存储检索平台，将这些数据展现给用户；进一步完善专利数据内容，增加同族专利信息、法律状态信息、专利审批流程信息等，满足市场主体的信息需求；开放中国专利基础数据，通过网络平台免费提供现档数据，并以低成本的价格提供过档专利数据，保证各类社会主体便利、及时、有效的获取基础数据，吸引民间资本投资开发高附加值的专利信息产品。

(3) 打造统一的知识产权信息公共服务平台

信息服务是所有相关服务的共同基础，但我国目前还缺乏全国统一的知识产权信息公共服务平台。专利、商标、版权分属不同的政府部门管理，各公共服务机构之间缺乏必要的沟通协调机制和渠道。部门利益难以协调，服务机构相互间存在壁垒，资源分散在不同领域、不同区域、不同机构，制约了资源的优化配置，限制了信息共享。在此情况下,有必要加强知识产权信息公共服务平台建设,构建和完善信息公共服务和交流平台。例如,以国家专利数据中心基础数据资源为依托,建设国家专利信息公共服务平台。平台以专利信息检索与分析为核心功能,还应包括专利信息知识模块、法律法规与公共政策模块、法院判例与典型案例库模块、专利服务机构信息模块、网络在线咨询模块等。平台与分布于全国的专利信息服务站点形成专利信息传播网络,提供集各种专利信息服务与交流于一体、功能完善、使用方便快捷的专利信息公共服务。还可以推动地方建立信息共建、资源共享的知识产权信息采集机制,丰富平台资源,为社会提供专利文献、商务贸易、交易评价等系统化的知识产权综合信息。此外,加强与高校、科技情报机构、图书馆、行业协会等机构的合作,充分利用其现有的知识产权信息服务体系,发挥其专业、人才、用户的优势,鼓励其开展专利信息服务和人员培训。发挥行业协会在政府和企业之间桥梁的作用,支持和指导行业协会立足本系统、本行业发展需要,开展专利信息服务和宣传、培训工作。

(4) 充分展现国家、区域和地方三级专利信息网络架构优势

当前,我国已经初步建立起国家专利信息中心、区域专利信息中心和地方专利信息中心三级网络架构体系。但由于不同层级政府之间职责缺乏明确划分,导致部分专利信息公共服务,各级政府部门都提供,造成各级之间提供的服务雷同和重复;而另一些专利信息公共服务,各级政府部门都未能提供,造成服务的空白。因此有必要明确不同层级专利信息网络的作用,使其形成合力。国家专利信息中心要进一步完善资源建设,尽快推进落实基础数据开放,促进各类专利数据库有效集成和共享。区域专利信息中心围绕政府决策和产业发展需求,开展包括重大经济活动专利分析评议、重点产业专利态势分析等信息服务工作;地方专利信息中心结合区域特色,推进地方特色专利数据库的建设和维护,普及专利信息知识,开展专利信息检索、分析培训,指导企业开展专利信息分析,帮助有条件的企业建立专题数据库,促进专利信息服务机构与企业间的对接交流等。

(5) 积极参与国际标准的制订

在数据库的建设中,积极参与国际和国内信息技术领域的标准制定活动,例如制定信息编码标准、信息发布与传输的标准等。这不仅有利于国际范围的数据交换,也利于与其他知识产权信息数据库的设计标准接轨。应在数据结构、数据交换、信息传递、信息组织等方面适应网络化的要求。我国的网络系统是在发达国家的核心技术基础之上建立的，信息安全必然会受到威胁。在全球范围内，计算机病毒、网络攻击等网络违法犯罪问题日渐突出，要采取措施加以防范。

(6) 推动建立在大数据基础上信息资源互联共享

大数据是数据数量上的增加，以至于我们能够实现从量变到质变的过程。依靠数据分析，厂商可以了解客户的需求，真正实现个性化的产品和服务。在知识产权领域，伴随政府信息资源公共程度的提升，以往的“信息孤岛”现象将逐步消失，专利信息将与创新研发、产业活动、商业经营、贸易投资、金融活动等信息相互关联，形成真正意义上的大数据。云计算服务模式的开发，为支撑海量专利信息资源的处理和分析，实现互联共享、负载均衡的信息服务系统提供了技术支持。鉴于建立在关联关系基础上的预测是大数据的核心，未来专利信息的运用，将更多是通过关联分析，挖掘隐含的、具有极高价值的信息，为市场主体提供更高附加值的信息产品。因此，各级政府应尽快开放非涉密的涉及市场活动、经济发展的基础信息，推动专利信息、科技情报、学术期刊、会议文献、研究报刊、图书、报刊等各类信息资源的整合与共享；积极引入云计算、移动互联等新兴技术，创新知识产权信息公共服务模式；吸引社会机构进入专利信息服务领域，为其挖掘专利、产业、经济运行大数据，提供高附加值的信息服务创造条件，推动国内知识产权信息服务机构探索创新服务形态和模式。

(7) 政府扶植增值性专利数据加工服务业发展

政府通过政策激励、资金扶持，推动我国增值性专利数据加工服务发展，进而培育增值性数据加工服务市场，通过市场竞争，提升我国专利信息产业的核心竞争力，推动产业向高端服务方向发展。

7.6.3 完善知识产权公共服务保障机制

知识产权公共服务的促进需要完善的保障机制的支撑，需要有良好的资金扶持和管理机制。从财政保障上看，目前知识产权公共服务建设在政策和资金等方面还欠缺有力的支持。知识产权公共服务要发展，一方面需要设立专项资金，大力支持公共服务资源的汇聚和整合，支持知识产权公共服务机构的建立和持续运营，对部分机构给予税收优惠,提升服务能力;另一方面,需要提升基本公共服务资金管理水平和使用效益,发挥财政资金杠杆作用,带动金融资本和其他社会资本投入知识产权公共服务的供给领域。

从管理机制上看,针对不同的知识产权公共服务类别,进行系统设计和管理,集中统筹、合理配置各种人、财、物资源,提高使用效率。同时,定期对知识产权公共服务供给的战略目标、资金保障、政策制定、工作步骤、人才调配等进行统筹安排,避免因行政管理体制约束而带来各自为政、相互掣肘产生的效率损失,提高管理效率。

8 构建科学的知识产权公共服务绩效评价体系

绩效是指个人、组织、系统或项目在履行其特定职能、实现特定目标和任务方面的综合表现,包括能力、过程和结果。绩效评价就是对上述综合表现进行科学系统的评定。知识产权公共服务绩效评价是对相关部门在提供知识产权公共服务方面的综合表现进行的评价,旨在改进知识产权公共服务质量、提高公共资源的使用效率、改善知识产权公共服务的管理等。从宏观层面看,知识产权公共服务绩效评价体系是社会公共服务系统的组成部分,在推动我国服务型政府建设过程中发挥着有益的作用。从微观层面看,绩效评价能够度量知识产权公共服务机构的运作效率和治理水平,不仅有助于提高知识产权公共服务质量、改善公共责任机制,而且也是用户表达需求和参与知识产权公共服务机构管理的重要途径和方法。

基于上述缘由,有必要对影响知识产权公共服务水平的各种因素进行系统的分析与合理的整合,遵循科学原则遴选评价指标,使绩效测量工具有效而且可信,能够全面、客观、准确地反映知识产权公共服务绩效评价的各个维度或层级,反映知识产权公共服务绩效的实际水平与发展趋势。

8.1 绩效评价原则

绩效评价指标的选取和框架构建是实施绩效评价的基本前提,其必须遵循以下原则:

(1) 公众为中心的原则

知识产权公共服务的绩效评价应以服务对象为中心,社会公众正是公共服务的接受者,因此绩效评价指标的选取必须坚持公众导向,特别注重公共服务行为的质量和公众满意度。

(2) 主体多元性原则

社会公众在知识产权公共服务的绩效评价中应发挥核心主体作用,相关政府责任部门、第三方评估机构也应积极参与绩效评价中,形成多元评价主体,避免因主题的单一性而引发的偏好问题。

(3) 结果导向原则

选取的绩效评价指标能够体现我国知识产权公共服务的全部绩效状况,并从结果和公共服务使用者的角度来反映公共服务的绩效,同时要注重绩效评价体系运行成本和绩效信息所能产生的价值平衡。

(4) 可测性原则

一方面,选取的绩效评级指标本身具有可测性,即指标中所反映的内容可以运用现有的工具测量获得明确结论。对于难以量化的指标,定性指标也应该具有可测性。另一方面,评价主体在实施绩效评价过程中,能够获取充足的信息,并作出相应的评价。这就要求选取的评价指标,应当能够为公众所理解,尽量避免行业专业术语或是抽象概念。

(5) 可比性原则

选取的绩效评级指标既具有相互独立性,又能反映知识产权公共服务绩效的共同属性,这样才能进行具体比较。对于不具有直接可比性的指标,通过数据标准化处理使其具备可比性。此外,选取的绩效评级指标需具有相对稳定性,以便与其他主体提供知识产权服务或是过去之间进行比较,同时指标又能对未来的发展有所预见,保持连续性。

8.2 绩效评价框架设计

知识产权公共服务的绩效评价体系,不单是一套评价指标,还要包括评价主体、评价方法、沟通反馈等过程。此外,作为政府政绩考核体系,还必须有相应的制度框架和立法相配套,才能保证发挥应有的作用。

8.2.1 评价主体

公共服务的绩效评价不再是以经济、效率为核心内容，而是向质量和服务对象满意度转移。公共服务使用者和民间社会组织是中央政府保证国家法律和政策的执行以及迅速发现和纠正违法违规行为的重要信息来源。所以，由社会公众对公共服务供给者的业绩进行评价，公开地表达他们对所提供的公共服务的满意度，是基本公共服务保障供给的重要措施。绩效评价的主体应该由以政府为中心转变为以服务对象为中心，最终确立社会公众在知识产权公共服务绩效评价中的主体地位。此外，政府责任部门、民间社会组织也应成为评价责任主体成员，形成知识产权公共服务绩效评价的多元主体。

8.2.2 评价路径

基于评价主体的多元性，拟采取多指标量化评估和公众评议相结合的方法，具体来说以机构统计和经济审计为主要手段获取直接可测度的结论；借鉴市场研究技巧，通过调查问卷以及后期程度值量化，获取公众对于知识产权公共服务的满意度的结论；将定量数据与公众满意度相结合，综合评价知识产权公共服务绩效，具体见图 2。

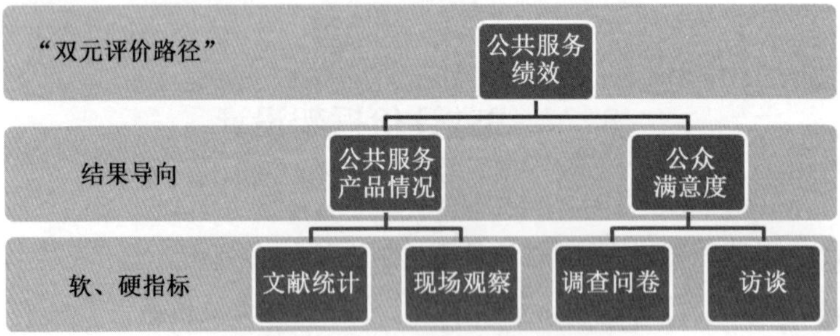

图 2　知识产权公共服务评价路径选择模型

8.2.3 评价维度

政府公共服务绩效评价是根据管理效率、服务质量、公共责任、公众满意度等方面的评判,对政府在公共服务过程中的投入、产出、最终结果所体现出来的绩效进行综合评价。知识产权公共服务是政府主要职能之一,鉴于知识产权公共服务绩效是政府绩效的一个重要组成部门,因此政府公共服务绩效评价方法对知识产权公共服务评价具有典型的借鉴意义。国外对政府公共服务绩效评价的维度有以下几种:

(1)"产出—结果"维度

该方法包含四种绩效评价信息:一是投入,即体现政府实施公共服务投入的资源量;二是产出,即一系列活动的最终结果和提供给服务对象的产品或服务以产出达到政府设定的目标的程度;三是满意度,即服务对象和利益相关者对政府公共服务的感知,其对政府公共服务数量、质量、易获得性、及时性等的反馈;四是社会性,反映的是政府关注的社会生活各个方面的趋势,具体表现为政府的公共服务对相关社会、经济、环境等的影响,通常需要一定的时间才能反映出变化。

(2)"3E"维度

该方法是从经济(economic)、效率(efficiency)和有效性(effectiveness)三个维度进行,后期又增加了公平性、回应性(即满足特定社会群体的需要)维度。此外,伴随公共服务绩效评价由"操作导向"转变为"结果导向",经济维度逐步被适当维度所取代。构建"3E"评价框架的方法为:"成本—输入—输出—结果"。

(3)"平衡积分卡"

该方法从四个维度进行绩效评价:一是服务使用者的视角,即如何满足顾客的需要和期望;二是内部管理的视角,即确定和检测关键流程,以保证提供高质量、有效的服务;三是持续改进的视角,从制度、人员和服务中安全、持续地学习和改进流程;四是财务的视角,即资源如何经济、有效地用以实现目的。

(4)最优价值维度

该方法从以下五个维度展开:一是战略目标,即为什么存在服务,是为了实现什么;二是成本/效率,即提供服务所需的资源和将资源转化为输出的效率;三是服务提供的结果,即为实现战略目标,服务的影响如何;四是质量,明确体现使用者服务经历的服务质量；五是公平获得，即获得服务的舒适程度和平等程度。

知识产权公共服务具有公共物品属性，其供给要兼顾公平与效率；知识产权公共服务以追求社会效益的最大化为目标。鉴于此，知识产权公共服务评价指标不能仅仅围绕公共服务的人员、设施、资金等的投入，应该以结果为导向，重视知识产权公共服务的供给结果和质量。因此，本书选用“产出—结果”评价框架，并在原有框架基础上提出评价指标维度模型(图 3)。

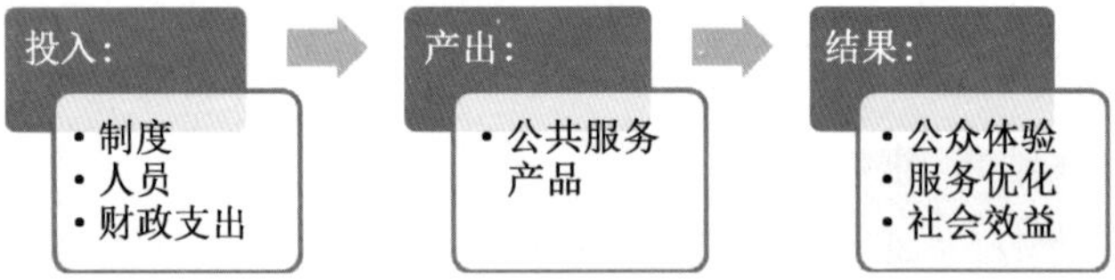

图 3　知识产权公共服务评价指标维度模型

8.2.4　制度调整、完善

知识产权公共服务绩效评价体系建设是一个系统工程，在指标体系设计完成并投入实际应用过程中，还必须完善相关配套制度的建设，注重目标制定、执行、评价等环节，涉及评价主体、评价方法、沟通反馈等一系列过程须有相应的制度框架相配套，并将评价结果及时、真实地反馈给用户和政府部门，以更好地改善知识产权公共服务供给状况。此外，还有必要完善绩效奖惩机制。对服务表现突出的部门和个人给予充分物质鼓励和精神嘉奖。对于评价得分较低的相关领域和服务供给部门，则需要提出整改意见，定期检查，尽快提高该领域的服务水平，进而提升政府整体公共服务能力，推进服务型政府的建立。

8.3　绩效评价指标确立

8.3.1　指标体系框架

知识产权公共服务覆盖的领域，包括知识产权普及服务、知识产权信息服务、知识产权定向服务等，每一个领域下包含具体的评价维度，通过确定与各个评价维度最为相关的指标，进而从理论上构建起指标体系（表1）。

表1 知识产权公共服务绩效评价指标体系

评价维度	基本指标	指标说明
投入	组织结构	在提供公共服务时内部的结构、治理、责任等
	人力资源	用于制造、提供公共服务的人员投入
	财政资源	用于制造、提供公共服务的资金、设备、基础设施等物质资源投入
	制度	在提供公共服务时内部实施的制度、措施和程序
	文化	在提供公共服务时对外进行的宣传、教育
产出	服务产品数量	具体产出单位数量或是使用服务的客户数量
	服务产品效率	公共服务是否按照原计划的实施并完工；公共服务供给是否按照资金预算进行投入；是否实现给定资源输入前提下产出最大化，或是以最少的资源输入得到既定的服务产品数量和质量
	服务产品便利性	服务的及时性和易获取性
	服务产品质量	基于服务对象使用服务产品的经历，达到相关服务标准，适合使用者需要
	服务产品与政策的相符性	公共服务实际的供给是否与国家或者当地的公共服务发展的政策重点符合
	实施的可持续性	公共服务的产出能否得到持续的维护和利用
满意度	供给水平、覆盖面	服务产品是否实现预期供给水平，能否适当满足所有应当使用这项服务的使用者需要
	基本公共服务均等化	获得服务产品的平等程度和舒适程度
	公共服务产品市场占有	使用者对于该项服务支付的意愿
	服务对象生产、生活质量	公共服务的供给能否解决当地经济、社会发展的实际问题或满足公众的需求
	服务对象满意度	服务对象满意的百分比，满足了服务对象的需要和期望
	主管部门满意度	服务项目实现了政府部门预定目标或者既定目标

(续表)

评价维度	基本指标	指标说明
社会效益	经济成果	公共服务项目促成的经济情况变化，例如增加企业数量、增加就业率、创新的投融资渠道
	社会成果	公共服务项目促成的社会情况变化，例如人口规模、教育、社会团结
	文化成果	公共服务项目促成的社会共有的概念、价值观和行为准则变化，例如全社会形成尊重知识、尊重创新的风气

8.3.2 问卷设计和调查

在前面研究基础上，整合、筛选相关指标，设计调查问卷。由于调查问卷中反应的多为难以具体量化的“软”指标体系，如满意度、有效性、便利性等，通过后期程度值量化实现测评。对初选的各指标的重要性进行权衡，验证指标实际应用的信度和效度。以知识产权公共服务的使用对象为调查主体，进行问卷调查。对回收的问卷信息进行统计处理，借助相关性分析、隶属度分析等，对指标进一步筛选。

8.3.3 指标确立，权重赋值

在前面研究基础上，根据指标数据的获取路径，如可获得性、获取对象、获取方式、难易程度、成本大小等，对指标实施进一步调整，最终形成知识产权公共服务评价指标体系。在指标体系的权重赋予方面，采用常用权重分配方式，给不同领域平均赋权重。针对知识产权公共服务的不同领域，通常给予每一领域的权重值相同；具体到某一服务领域，各项具体指标的权重上可能存在差异，可采用德尔菲法等确定权重。

8.3.4 实际运用

运用文献统计、现场观察、调查问卷、实地走访等多种方法，获取相应指标信息。对于收集到的指标信息进行“无量纲化”处理，结合之前确定的指标权重，得出不同类型知识产权公共服务的绩效值以及知识产权公共服务整体绩效值。

8.4 我国知识产权公共服务绩效评价的挑战

8.4.1 我国知识产权公共服务绩效评价存在的问题

当前,我国知识产权公共服务绩效评价在理论和实践方面都存在较大困难,原因有以下几点:

(1) 观念束缚

政府部门具有的天然垄断性,使其缺乏提高服务质量、提升公众满意度的内在动力。近年来一些部门和地方也推动公共服务绩效评价,但运动式的评比色彩较重,随意性较大,没有形成特别成熟的经验。考评结果的使用和对政府部门公共服务的促进作用尚未看出有特别效果。

(2) 体制障碍

过去政府绩效考核属于组织部门,国有企业的绩效考核属于国资委。这些考核主要针对各级官员和机构,与政府职能绩效评价缺乏有机联系。此外,官员、机构考核多采取内部的自我总结,考核标准和结果也不公开,缺乏透明度、公开度,评价过程中公众参与度低,没有社会监督和约束机制,这也导致对存在问题的深入分析不够,提出的解决方案难以落实,政府行政效率无法得到提升。

(3) 制度缺失

至今我国没有出台专门针对政府绩效评价的国家法律,实践中也缺乏统一、规范、科学的绩效评价标准或方案,各地方、各部门往往都是根据各地自己的情况确定评价主体、程序、指标。一些地方和部门仍在进行以部门首长责任制为基础的"政绩评价",其指标的设计着重关注近期政绩考核和资金监管,缺乏对基本公共服务供给的监测评价,与公众的实际需求脱节。

(4) 技术落后

当前知识产权公共服务的绩效评价体系构建尚属空白,公共性的内在特征也决定了在绩效评价中存在着更多的技术性障碍。

8.4.2 完善我国知识产权公共服务绩效评价的建议

政府绩效评估近年来形成一种世界性的潮流，主要是源于经济全球化、政治民主化、科技信息化的时代发展趋势，体现当代公共行政管理模式的转变。加快建立科学的知识产权公共服务绩效评价体系，也是我国提高政府综合服务能力，建设知识产权强国的必然选择。

(1) 积极推动公共服务绩效评价的制度化、法制化

公共服务绩效评价体系建设是一个系统工程，在指标体系设计完成并投入实际应用过程中，还必须完善相关配套制度的建设。发达国家十分重视政府活动的绩效评价。早在 1993 年 8 月，美国政府颁布了《政府绩效与结果法》(GPRA)，规定联邦政府“每个机构应提交年度绩效规划和报告”。美国专利商标局自 1994 年以来就按照 GPRA 确立的“目标—结果”模式，对其年度战略计划实施绩效进行评价。我国也需要加紧建立和完善公用服务为核心的政府绩效评价体系。鉴于政府是知识产权公共服务的最大主体，国家知识产权局应当探索建立知识产权公共服务绩效管理制度。首先，建立规范的知识产权公共服务专项规划，明确公共服务供给的目标、责任主体、年度计划以及具体的任务安排等。其次，完善知识产权公共服务绩效评价奖惩机制，对于表现突出的单位个人及时予以奖励，对于评价较低的部门及时发出整改意见，定期检查，督促其提升公共服务水平；同时加强对评价结果的运用机制，建立公共服务供给问责制，把绩效评价结果纳入干部考核体系，形成制约的长效机制。推进编制绩效预算改革，把绩效评价结果纳入编制公共服务预算的依据，提高资金分配效益；建立绩效评价的考评核查机制和绩效评价整改制度，有利于发现绩效评价中存在的问题，督促预算单位和公共服务管理部门进行整改，提高绩效评价的科学性、规范性与公平性。最后，建立知识产权公共服务绩效评价监察机制，预防和制止绩效评价中的不规范行为，维护绩效评价结果的客观、公正。

(2) 探索科学、规范的知识产权公共服务绩效评价方法

规范利益相关者参与机制，确保各利益相关者(包括政府部门成员、监测专家与绩效评价专家、项目服务对象及其他利益相关者)有权利、有机会、有渠道参与其中。积极培育多元化的评价主体,当前我国政府绩效评价多采用内部自评的方式,这种方式因评价主体缺乏独立性难以得到公正和客观的评价结果,有必要规范评价机构的资质,由具有良好的资质的外部专业性评价机构或是第三方组织实施评价。评价机构负责人在绩效评价知识与技能方面有较好的积累,具备一定年份的公共项目绩效评价实践经验。评价机构的成员有较好的知识储备和能力积累,其知识结构应具有互补性。同时,建立对外部评价机构的选拔、监督、考核机制,定期组织监测与绩效评价人员专业培训,积极培育多元化的评价主体。

强化"结果导向"的知识产权公共服务绩效评价体系,有关质量和公众满意度指标在评价指标体系中居于核心地位。确保各类指标的准确性和代表性。同时注意"软""硬"指标凝和,从而更好地反映各地政府公共服务供给水平和公众对于现有公共服务的满意情况。伴随经济、社会变化,应及时对指标体系进行修正、完善。此外,考虑到各地区经济、社会、文化发展水平差异性,不同地区的资源禀赋和历史遗留资产具有差异,应当根据区域实际情况对指标体系进行调整。引进先进评估技术,例如信息技术、量化技术等,提升评价结果的科学性。

(3) 建立知识产权公共服务信息平台

知识产权公共服务绩效评价的过程实际上是一个信息筛选、加工、输出、反馈的过程,获取信息的准确性和流转的通畅性在很大程度上决定了构建的绩效评价体系的科学客观性和实际应用效果。因此有必要建立知识产权公共信息服务平台,提供多样化的信息服务:一是提供国家、各级政府知识产权公共服务内容、具体实施、资金使用和情况,提高信息透明度;二是提供知识产权公共服务的统计分析,提高各类数据的准确性、可获得性;三是依托信息平台,定期开展公共服务需求状况和满意度调查,及时获取公众对于知识产权公共服务的需求、意见、建议,公开知识产权公共服务绩效评价结果,保障评价信息收集和评价结果反馈的准确和通畅。

(4) 开展教育、培训

建立知识产权公共服务绩效评价专家与监测专家库,对于相关机构、人员开展线上培训;依托网络平台,对广大公众进行知识产权公共服务及其绩效评价的宣传、教育。

参考文献

[1] Bader M A. Managing Intellectual Property in Inter-firm R&D Collaborations in Knowledge-intensive Industries [J]. International Journal of Technology Management, 2008, 41(3): 311-335.

[2] Arup C, van Caenegem W. Intellectual Property Policy Reform: Fostering Innovation and Development[M]. Cheltenham: Edward Elgar Publishing Limited, 2009.

[3] Guellec D, van Pottelsberghe de la Potterie B. The Economics of the European Patent System: IP Policy for Innovation and Competition[M]. Oxford: Oxford University Press on Demand, 2007.

[4] European Patent Office, Office of Harmonization for the Internal Market. Intellectual Property Rights Intensive Industries: Contribution to Economic Performance and Employment in the European Union [R]. 2013.

[5] European Chamber. Dulling the Cutting Edge: How Patent-Related Policies and Practices Hamper Innovation in China [R], 2012.

[6] Haley G T, Haley U C. The Effects of Patent Law Changes on Innovation: The Case of India's Pharmaceutical Industry [J]. Technological Forecasting & Social Change, 2012, 79(4): 607-619.

[7] Hall B H, Ziedoni S R H. An Empirical Analysis of Patent Litigation in the Semiconductor Industry [J]. University of California at Berkeley Working Paper, 2007: 217-242.

[8] Hu A G Z, Png I P L. Patent Rights and Economic Growth: Evidence from Cross-Country Panels of Manufacturing Industries [J]. Oxford Economic Papers, 2013, 65(3): 675-698.

[9] Lee J Y, Mansfield E. Intellectual Property Protection and U. S. Foreign

Direct Investment [J]. The Review of Economics and Statistics, 1996, 78 (2): 181-186.

[10] Maskus K E. Intellectual property rights and economic development[J]. Case W. Res. J. Int'l L., 2000, 32: 471.

[11] Merges R P, Nelson Richard R. On the Complex Economics of Patent Scope [J]. Law Review,1990, 90(4): 839-861.

[12] OECE. Regions and Innovation: Collaborating across Borders, OECD Reviews of Regional Innovation [R]. OECD Publishing, 2013.

[13] Raymond C. The Economic Importance of Patents [M]. Intellectual Property Institute, 1996: 38.

[14] Siwek S. Economists Inc. Engines of Growth: Economic Contributions of the US Intellectual Property Industries [EB/OL]. (2006-06-22)[2012-08-14]. http://www.nbcuni.com.

[15] Takenaka T. Success or Failure-Japan's National Strategy on Intellectual Property and Evaluation of Its Impact from the Comparative Law Perspective[J]. Wash. U. Global Stud. L. Rev., 2009, 8: 379.

[16] U.S. Economic and Statistics Administration, U.S. Patent and Trademark Office. Intellectual Property and the U.S. Economy: Industries in Focus [R]. 2012.

[17] US International Trade Commission (ITC). The Effects of Intellectual Property Right (IPR) Infringement in China on the US Economy and Jobs [R]. 2011.

[18] Vichyanond J. Intellectual property protection and patterns of trade[M]. Center for Economic Policy Studies, Princeton University, 2009.

[19] WIPO. Public Policy-related Assistance — Flexibilities [EB/OL]. [2013-02-10]. http://www.wipo.int/ip-development/en/policy/flexibilities.html.

[20] World Intellectual Property Organization (WIPO). Brands Reputation and Image in the Global Marketplace [EB/OL]. (2013-04-10) [2014-1-10].

http://www.wipo.int/export/sites/www/freepublications/en/intproperty/944/wipo_pub_944_2013.pdf.

[21] 柴爱军. 浅谈近年来国外知识产权公共服务的改革及其对我国的启示[J]. 中国发明与专利,2015,6: 43-47.

[22] 陈蕾,徐琪. 知识产权交易市场建设态势与路径找寻[J]. 改革,2018, 5: 119-130.

[23] 甘古力. 知识产权: 释放知识经济的能量[M]. 宋建华,姜丹明,张永华,译. 北京: 知识产权出版社,2004.

[24] 龚亚麟,刘菊芳,马斌,等. 我国知识产权服务业发展"十一五"回顾及"十二五"展望[J]. 中国发明与专利,2012, 51-54.

[25] 贺化. 我们要成为知识产权强国[J]. 求是,2014, 5: 22-24.

[26] 何隽. 全球化时代知识产权制度的走向: 趋同,存异与变通[J]. 比较法研究,2013, 26(6): 126-136.

[27] 加里・皮萨诺,威利・史. 制造繁荣: 美国为什么需要制造业复兴[M]. 机械工业信息研究院战略与规划研究所,译. 北京: 机械工业出版社,2014.

[28] 克里斯・安德森. 创客: 新工业革命[M]. 萧潇,译. 北京: 中信出版社, 2012.

[29] 黄鹏飞. 基于专利运营的知识产权公共服务平台建设的建议[J]. 情报探索,2016,1(8): 32-34.

[30] 李伟,董玉鹏. 产业自主创新视角下的知识产权服务业发展问题研究[J]. 改革与战略,2015,10: 142-146.

[31] [德] 罗尔夫・施托贝尔. 经济宪法与经济行政法[M]. 谢立斌,译. 北京: 商务印书馆,2008.

[32] 马宪民,谢红,彭雪辉,等. 基于供给侧结构性改革的新型知识产权服务体系的构建[J]. 中国发明与专利,2018, 15(4): 45-50.

[33] 毛昊,毛金生. 对我国知识产权服务业发展的思考[J]. 知识产权,2013,12(12): 75-79.

[34] 欧洲专利局. 未来知识产权制度的愿景[M]. 郭民生,等,译. 北京: 知识产权出版社,2008.

[35] 潘灿君. 驱动创新发展战略背景下的我国知识产权维权援助机制研究[J]. 行

政与法,2017,12：28-37.

[36] 万莎.促进企业自主知识产权成果产业化的财政政策研究[J].西部财会,2010,1：4-7.

[37] 王晶喆.中美两国政府知识产权能力对比分析——以美国知识产权制度公共政策属性分析为例.管理创新、智能科技与经济发展研讨会论文集[C].2012.

[38] 王珍愚,骆楚田.国际背景下知识产权公共政策的历史及其启示[J].科学学与科学技术管理,2010, 31(6)：40-48.

[39] 王珍愚,单晓光.日本的知识产权公共政策及对中国的启示[J].财贸研究,2008,6：120-124.

[40] 文豪,刘斌.中国知识产权制度的运行绩效：基于专利制度的实证分析[J].宏观经济研究,2012,3：55-60.

[41] 吴汉东.后 TRIPS 时代知识产权的制度变革与中国的应对方略[J].法商研究,2005,5(3)：3-7.

[42] 吴汉东.知识产权战略实施的国际环境与中国场景—纪念中国加入世界贸易组织及《知识产权协议》10 周年[J].法学,2012,2(3)：1-9.

[43] 吴汉东.知识产权的制度风险与法律控制[J].法学研究,2012,4：61-73.

[44] 吴汉东.中国知识产权制度评价与立法建议[M].北京：知识产权出版社,2008.

[45] 吴桐,刘菊芳,等.我国知识产权服务业发展现状与对策研究[J].中国发明与专利,2012, 6：63-67.

[46] 吴离离.浅析我国知识产权公共服务体系的构建[J].知识产权,2011, 6：63-66.

[47] 徐冠华,刘冬梅,刘琦岩.现代服务业的发展趋势与对策[J].中国科学院院刊,2009, 24(3)：248-255.

[48] 武学超.美国大学国家实验室技术转移治理与模式[J].高教探索,2011, 6：78-82.

[49] 许春明.知识产权制度与经济增长的实证研究[M].北京：知识产权出版社,2009.

[50] 许春明,单晓光.论知识产权制度功能的有限性[J].科学学研究 2009,27(5)：

653-659.
[51] 宣炜,董婷文.完善知识产权公共服务体系 促进科技型中小企业发展[J].中国财政,2016,16: 41-42.
[52] 肖志刚,单晓光.专利泛化与专利制度改革[J].电子知识产权,2009,3: 34-37.
[53] 杨红朝.知识产权服务业培育视角下的知识产权服务体系发展研究[J].科技管理研究,2014,8: 176-180.
[54] 杨解君,孟红.特别行政法问题研究[M].北京: 北京大学出版社,2005.
[55] 杨红军.知识产权制度变迁中契约观念的演进及其启示[J].法商研究,2007,2: 83-90.
[56] 杨健.知识产权国际保护制度: 困境分析与正当性价值之追问[J].学术交流,2011(12): 18-24.
[57] 颜旻.知识产权维权援助公共服务体系建设的探究与思考[J].科技视界,2017,14: 181-181.
[58] 易继明.技术理性、社会发展与自由[M].北京: 北京大学出版社,2005.
[59] 张成福.公共行政学: 管理、政治、法律的途径[M].北京: 中国人民大学出版社,2003.
[60] 朱谢群.知识产权公共服务及其机制分析[J].知识产权,2008,18(3): 26-30.

后 记

党的十八大以来，以习近平同志为核心的党中央高度重视知识产权工作，作出了加快知识产权强国建设的战略部署，出台了一系列知识产权政策措施，极大地推动了知识产权事业发展，使我国成功跻身世界知识产权大国行列，全面开启了知识产权强国建设新征程。面对中央确立的加快建设知识产权强国的战略部署，国家知识产权局积极行动，深入开展系列专题研究，为知识产权强国建设提供支撑。高水平的公共服务体系既是知识产权强国的重要表征，也是知识产权强国建设的实现路径。2014 年开始，我有幸参与了“支撑强国建设的知识产权公共服务体系”相关研究，分析知识产权公共服务主体、内容、典型案例，探讨知识产权公共服务体系的基本框架，系统梳理知识产权公共服务的现状与问题，提出完善我国知识产权公共服务体系的政策建议。因此形成了本书的内容，对相关研究形成一个阶段性总结，或许能为我国知识产权强国建设提供一些支撑。

感谢同济大学上海国际知识产权学院朱雪忠教授对本研究的支持和帮助。朱老师严谨的治学态度、精深的学术造诣使我获益匪浅，衷心感谢朱老师所给予的无私教诲、帮助与关心。

感谢同济大学上海国际知识产权学院院长单晓光教授对本研究的支持和鼓励，单老师渊博的学术修养、敏锐的学术感知对我明确自己的科研方向、开拓自己的研究视野有着巨大的积极作用。

感谢家人的理解与支持，让我有时间和精力撰写此书。感谢同济大学出版社和丁会欣编辑的辛勤付出，使本书增色不少。

感谢同济大学上海国际知识产权学院对本书出版的支持，感谢学院各位领导对学院青年教师科研工作的关心和支持。本书的出版得到同济大学人文社会科学学术著作出版计划项目的资助，在此一并感谢。

漆 苏

2019 年 8 月 5 日